特別支援教育サポートBOOKS

上岡 一世 編著

人生の質を高める！
キャリア教育

家庭生活　学校生活　地域生活　職業生活

よりよく
「生きる・働く」
ための授業づくり

明治図書

まえがき

　筆者は，長年，特別支援教育にかかわり，この子どもたちの学校卒業後の生活はどうあればよいかを模索し続けてきました。就労することを教育の第一義に据え，就労率アップのために努力をした時期もありました。少しでも職場に適応できるようにするために，できることを増やしたり，スキルアップに一生懸命になったりもしました。その結果，多くの子どもたちが就労できましたし，保護者からも感謝されました。しかし，就労した子どもたちが，学校卒業後の人生において，どれだけ質の高い，豊かな生活を送っているかとなると反省せざるを得ない実態が明らかになってきました。

　学校卒業後の子どもたちの生活実態を調査してみますと，就労していない人はもちろんのこと，就労している人も含めて，ほとんどの人たちが生活の質を低下させています。通常の子どもであれば，職業生活，社会生活を積み重ねるにつれて，次第にそれぞれの場で生活の質を高め，生き生きとした，充実した人生を送るのですが，この子どもたちはそうではないのです。逆に，年齢を重ねるに従い，生活の質を低下させています。何よりも気になるのが，地域生活や職業生活において自分の存在を示すことができていないことです。生活はしているが生活が実感できていない生活状態と言えます。

　これで学校教育の役割を果たしていると言えるのでしょうか。人生は在学中よりも学校卒業後がはるかに長く，また，重要です。この長い人生が充実していないとするならば，今まで行ってきた学校教育は，一体何だったのか，どこに問題があり，どこを，どのように改善しなければならないか，真剣に問い直す必要があります。

　まず，考えなければならないことは，今までの教育は，子どもの学校卒業後の人生を充実させるための教育をしていたかどうかという点です。筆者もそうであったように，多くが学校卒業時点に焦点を当て，就労を実現するための教育を展開していたのではないでしょうか。決して，これを否定するわ

けではありません。しかし、これからは就労の実現だけではなく、学校卒業後の生活にも視点を当て、人生の質を高める教育を推進する必要がある、と思うのです。就労の実現だけを目指した学校教育12年間ではなく、学校卒業後の長い人生を充実したものにするための学校教育12年間の在り方を考える必要性を強く感じます。

では、子どもたちが、学校卒業後、質の高い、充実した人生を送れるようにするためには、これからの教育はどうあるべきでしょうか。この課題に応えるべくまとめたのが本書です。

筆者が改善策として提言したいのが、「内面を育てる教育」と「生活適応教育」の推進です。

まず取り組んでほしいのが、「内面を育てる教育」の充実です。

今までの教育の中で、どれだけ「内面を育てる教育」を重視してきたでしょうか。子どもたちの生活の質、人生の質が低いのは間違いなく、内面が育っていないからに他なりません。まさに発達していない状態で生活を強いられている日々を送っている、と言えるでしょうか。彼らは障害をもっているためにできないことも多く、スキルも低いのも事実です。だからと言って、それだけに焦点を当て教育することが、どれだけ子どもを成長、発達させるでしょうか。できることが多く、スキルも身についているのに地域や職場で通用しない子どもがたくさんいます。その原因を探ってみると、明らかに、人としての育ちが伴っていないことがわかります。せっかくもっているできることやスキルが内面の育ちが備わっていないために機能していないのです。一方、できることも少なく、スキルも低いのに、地域や職場で生き生きと活躍できている子どもがいます。できなくてもやらなくてはいけないという意識、意欲（内面）が育っているのです。これからの教育は、この点に注目し、「内面を育てる教育」を充実させていく必要があります。

次は「生活適応教育」の充実です。キャリア発達を重視し、生活適応学習を推進しようという提言です。

学校で12年間、一生懸命教育をしてきたが、実際はその成果があまり出て

まえがき 3

いない，と感じることはないでしょうか。子どもたちは，本当に地域生活，職業生活に適応できる力を備えているでしょうか。筆者の見る限りでは，そうした力が育っていない気がします。その原因はどこにあるのでしょうか。

　これは「内面を育てる教育」とも関連しますが，できることが生活に適応できるのではありません。スキルが高いことが生活に適応できるのではありません。内面の育ちを伴うできることやスキルが生活に適応できる力になるのです。生活に適応するためには内面の育ちが欠かせません。

　家庭生活に適応できていない子どもが学校生活に適応できるでしょうか。学校生活に適応できていない子どもが地域生活に適応できるでしょうか。地域生活に適応できていない子どもが職業生活に適応できるでしょうか。職業生活に適応できていない子どもが社会生活に適応できるでしょうか。いずれも否です。学校教育12年間で重視してきた，できることやスキルに焦点を当ててきた教育を改め，これからは内面を伴うできることやスキルに焦点を当て，確かに生活に適応する取り組みを推進しよう，というのが筆者の提言です。

　適応とは，筆者は「子どもにとってふさわしい生活の中で，主体的に役割，課題を果たすことができている状態」と定義づけています。この定義に合わせて，家庭生活，学校生活，地域生活，職業生活，社会生活へと段階的に適応する学習を行えば，間違いなく，学校卒業後は人生の質を高めることにつながる，と考えているのです。

　本書は，筆者のこうした考えを具体化し，教育実践に生かすことができれば，能力や障害にかかわらず，すべての子どもの学校卒業後の人生は，必ずや充実したものになる，と信じてまとめたものです。

　第1章では，「特別支援教育の課題と今後の方向性」と題し，今までの教育の，どこに問題があり，具体的にどのような改善が必要か，人生の質を高めるという視点に立って，今後の教育の方向性についてまとめました。特に，次期学習指導要領でも重視されている生きる力，働く力の具体化を中心に日常生活の指導，生活単元学習，作業学習は今後どうあればよいか，について

改善点を示しました。

　第2章では，「人生の質を高める教育課程の編成」を取り上げ，今後はどういう教育課程を編成していくべきかを提示しました。特に，これからの授業の在り方，支援や対応の基本姿勢について具体的に示しました。

　第3章は「生活適応教育の実際」について，この教育の3本柱である，「家庭生活（学校生活）に適応する日常生活の指導の実際」，「学校生活・地域生活への適応学習の実際（生活単元学習）」，「職業生活への適応学習の実際（作業学習）」を取り上げ，生活適応学習の指導の実際を提示しました。

　日常生活の指導では，家庭生活に適応するために必要な，家族の一員としての役割を果たす具体的な指導について述べました。

　生活単元学習と作業学習は，4年間，筆者と共に実践研究に取り組み，確実に成果を上げた福井県立嶺南西特別支援学校の実践事例を掲載しました。今後の教育の在り方を含め，生きる力，働く力を育てるための数々の実践が紹介されています。是非，参考にしてほしいと思います。

　最後に，本書は，子どもたちの将来の生活に視点を当て，学校卒業後，質の高い人生を送ることができるようになるためには，今後どういう教育実践が必要かを，今までの教育を検証しながら明らかにしたものです。

　本書を通して，多くの子どもたちの存在価値が高められる教育実践が，全国で展開されることを切に望みます。

2017年8月

編著者　上岡一世

もくじ

まえがき 2

 第1章 **特別支援教育の課題と今後の方向性**

1 人生の質を高める教育とは 14
　(1) どういう内面の育ちが必要か …………………………………19
　(2) 全人教育の推進 ………………………………………………21
　(3) 自ら社会参加（生活適応）する ………………………………21
　(4) 自分を知る ……………………………………………………22
　(5) 人生の質を高めるために重視すべきこと ……………………24
　　① 存在価値を高める　24
　　② 社会的役割を高める　26
　　③ コミュニケーション力を高める　27

2 生きる力・働く力とは 28
　(1) 生きる力とは …………………………………………………29
　(2) 生きる力につながる力 ………………………………………30
　　① 思考，判断，見通しをもって主体的に行動する力　30
　　② 般化する力　31
　　③ 地域生活に適応する力　33
　(3) 働く力とは ……………………………………………………34
　(4) 働く力につながる力 …………………………………………34

① 目的，目標の達成に向けて努力する力　34

② 貢献できる力　35

③ 職業生活に適応する力　36

3 「日常生活の指導」と意識の向上　37

(1) 自分のことは自分でしなければいけないという意識 ………38

(2) 主体的にしようとする意識 ………………………………40

(3) 目的意識 …………………………………………………41

(4) 支援を求める意識 ………………………………………43

(5) 日常生活の指導のまとめ ………………………………45

　① 周りの人に受け入れられる行動を身につける　45

　② 周りの人を意識した行動ができるようにする　45

　③ ベースラインに基づく指導を行う　45

　④ 指示をしない対応を考える　45

4 「生活単元学習」と主体性の向上　47

(1) 自らする生活を当たり前にする …………………………48

(2) 主体的に役割，課題を果たす生活を当たり前にする ………49

(3) 自らかかわる生活を当たり前にする ……………………51

(4) 自ら支援を求める生活を当たり前にする ………………53

(5) 生活単元学習のまとめ …………………………………55

　① 興味・関心がもてる学習　55

　② 子どもの実態に合った生活課題，役割の選定　55

　③ 全体と部分の両方を理解した学習　56

5 「作業学習」と意欲の向上　57

(1) スキルよりも働く意欲に焦点を当てる …………………58

(2) 人間性を育てる …………………………………………60

もくじ　7

(3) 貢献の体験を積み重ねる ……………………………………………61

(4) 作業学習のまとめ ………………………………………………………66

　① 一人で質の高い作業ができる子ども　66

　② 自らが努力してスキルを高めることのできる子ども　67

　③ 自覚，責任感，目的意識がもてる子ども　67

　④ 貢献をしていることが実感できる子ども　68

第2章　人生の質を高める教育課程の編成

1　連続性・総合性・積み重ねを重視した教育課程を編成する　71

(1) 基本的生活への適応（日常生活の指導）…………………………72

(2) 地域生活への適応（生活単元学習）………………………………74

(3) 職業生活への適応（作業学習）……………………………………75

2　人生の質を高めることを目指す教育課程を編成する　77

3　キャリア発達の促進を目指す教育課程を編成する　79

4　授業の見直し　81

(1) 授業と発達 ………………………………………………………83

(2) 日常生活の自立 …………………………………………………84

(3) 生活への適応 ……………………………………………………85

(4) 職業生活への貢献 ………………………………………………85

(5) 人生の質の向上 …………………………………………………87

5 授業改善のポイント　88

(1)「できる・わかる・見通しのもてる」授業……………………88

(2) 学習活動がフルに確保されている授業 ………………………89

(3) させられるのではなく，自らやる授業 ………………………90

(4) 生活の質，集団の質を高めることを意識した授業 …………91

(5) 役割，課題を主体的に果たす授業 ……………………………92

(6) 子どもが思考，判断，工夫ができる授業 ……………………92

(7) 教師のかかわりが少ない授業 …………………………………93

(8) 子どもが自己評価できる授業 …………………………………94

6 支援・対応の改善　95

(1) 子どもが気づき行動し始める支援 ……………………………95

(2) ねらい，目的を明確にして行う支援 …………………………96

(3) 成功体験を実感する支援 ………………………………………97

(4) スキルよりも主体的行動を優先する支援 ……………………98

(5) 教材，教具，構造化等は発達的視点を重視する ……………98

(6) 子どもは教師が側についているほど安定しない ……………99

(7) 学習中は身体接触（手つなぎ等）は避ける ………………　101

(8) 見て学ぶ支援を重視する ……………………………………　102

(9) 教師の働きかけは機能しているかどうかで評価する ……　103

(10) 新たな役割，課題に挑戦する対応を行う …………………　104

(11) 目標行動を設定し，それをクリアする体験を積み重ねる …　104

(12) 学習の終わりと終わった後の行動が理解できるようにする…　106

(13) 対症療法的対応は効果がない ………………………………　107

(14) 主体的行動はスタートと終わりが重要である …………　108

(15) すべての生活，すべての授業において基本行動を重視する…　109

もくじ　9

第3章 生活適応教育の実際

1 生活適応教育の目指すべきこと　111

2 生活適応とは　113

3 生活適応学習の実際　116

(1) 家庭生活（学校生活）に適応する日常生活の指導の実際 … 116
- ● 家族の一員としての役割の指導の実際　120
  - ・炊事　121
  - ・掃除　128
  - ・洗濯　135

(2) 学校生活・地域生活への適応学習の実際（生活単元学習）… 139
- ① 嶺南西特別支援学校の生活単元学習　140
- ② 小学部の生活単元学習
  「地域の小学生を笑顔にするチャレンジランド」　141
- ③ 中学部の生活単元学習
  「地域の人を屋台に招待しよう」　147

(3) 職業生活への適応学習の実際（作業学習）……………… 155
- ① 嶺南西特別支援学校の作業学習　155
- ② 木工作業
  「名人検定を取り入れ自らスキルアップを目指す木工作業」　156
- ③ 陶芸作業
  「買い手を意識して質の高い製品を作る陶芸作業」　164
- ④ クリーン・サービス作業
  「清掃検定を生かし地域への貢献を目指す清掃作業」　172

⑤ エコ・クリーン作業

「リーダーを中心に自分たちだけで進めるリサイクル作業」 179

執筆者紹介 186

第1章 特別支援教育の課題と今後の方向性

　特別支援教育が始まって10年，特別支援教育の理念は多くの人に浸透し，障害のある子どもたちの理解は確実に広がりました。以前と比べると障害のある人が暮らしやすい社会になってきたことは事実です。また，学校教育も充実，発展し，少しずつではありますが，個々を大切にした質の高い教育が推進されるようになりました。

　しかしながら，まだまだ課題は山積しています。はたして，障害のある人たちは，どれだけ自分らしさを発揮し，質の高い生活，人生を送ることができているのでしょうか。筆者が知る限りでは，まだまだの感がありますが，どうでしょうか。これは，学校卒業後の彼らの生活実態を調査してみるとよくわかります。実は，ほとんどの人が生活の質を低下させています。学校卒業時には将来を期待され，多くの人に祝福されて就職した人が，いつの間にか，退職し，施設で引きこもり状態になっています。学校時代は家事労働を積極的に行い，家族から感謝され，頼りにされていた存在の人が，学校卒業後には何もしなくなり，テレビ漬けの毎日を送っています。このような生活実態を目の当たりにすると，我々が目指してきた教育は何だったのか，質の高い生活，質の高い人生を送ることを本当に考えた教育を行ってきたのか，真剣に問い直す必要性を切実に思います。

　言うまでもなく，人生は学校生活よりも学校卒業後の生活がはるかに長いです。学校卒業後の生活がどういう生活であるかによって，その人の人生の質の高さが決まってくると言っても過言ではありません。学校生活12年間が，いかに充実し，質の高い生活であったとしても，学校卒業後の生活の質が低いのであれば，一生懸命に取り組んだ12年間の学校教育の意味はどこにあるのかということになります。

学校教育の成果は学校卒業後の生活実態を通して，その質の高さを評価する，そういう学校教育の在り方を求めていくことが，これからは必要であると強く思います。

　第1章では，学校卒業後，子どもたちが，自分らしさを発揮し，質の高い生活，質の高い人生を送ることができるようにするためには，これからは，どういう学校教育が求められているか，について考えてみたいと思います。

1　人生の質を高める教育とは

　教育とは「人間が人間として人間らしく生きていくためにはどうすればよいか」を考えることです。この，教育の本質を欠いたのでは，たとえ，どんなに力を入れた教育であったとしても，教育として成立しない，と筆者は思っています。言うまでもなく，障害のある子どもであっても，教育の目的，ねらい，また目指すべき方向性は障害のない子どもと同じです。すべての人が，一人の人間として「人生の質」をどのようにすれば向上できるかを考えることが教育です。当然ながら，このことは能力の程度や障害種別により変わるものではありません。教育の目的，ねらい，また目指すべき方向性が同じということは，同じ教育を行う必要があるということではありません。教育の目的，ねらいを達成するために，個々に応じた指導内容，指導方法を考えましょう，ということです。個々に応じた指導内容，指導方法を考えることは，それぞれの教育を担う教師の欠かせない仕事です。当然，各教育現場にはそうした専門性をもった教師が配置されています。

　では，具体的にどういう教育を行えば人生の質を高めることができるのでしょうか。今までの教育の課題と今後の教育の方向性を示しながら述べてみたいと思います。次頁の図に示すのが，筆者が考える「人生の質の向上」のための特別支援教育の在り方を表す構造図です。まずはこれについて説明します。

特別支援教育が目指す方向性

児童生徒一人一人の勤労観・職業観を育てる教育

「生きる力」「働く力」を育てる教育

「意識」「主体性」「意欲」を育てる教育

「基本行動」「生活意欲」「働く意欲」を育てる教育

自ら社会参加（生活適応）する

人生の質の向上

今や，キャリア教育はこの教育では欠かせない重要な教育として位置づけられ，全国すべての学校でその実践が行われています。次期の学習指導要領でも，キャリア教育の実践を土台とした内容が盛り込まれています。キャリア教育を取り入れた実践ができているかが，次期の学習指導要領に対応するために大変重要であるという認識をもつ必要があります。

今一度，キャリア教育を特別支援教育に取り入れることの意味を考えてみます。なぜ，キャリア教育が特別支援教育で重要視されているのでしょうか。キャリア教育は特別支援教育に何を求めているのでしょうか。今まで行ってきた特別支援教育のどこが課題で，何を，どのように改善すればよいのでしょうか。これらのことをしっかりと理解した上で教育実践を行わなければキャリア教育を取り入れることの意味がありませんし，成果は上げられません。次期の学習指導要領への発展も期待できないと考えてもよいと思います。

キャリア教育とは図に示している通り「児童生徒一人一人の勤労観・職業観を育てる教育」と言われています。これについては，多くの先生方から，具体的にどうすればよいのかがわかりにくいという話を聞きます。ことばを変えてわかりやすく言えば「生きる力，働く力を育てる教育」ということに

第1章　特別支援教育の課題と今後の方向性　15

なります。これは，この教育が昔から求め続けている教育そのものです。生きる力を身につけるために生活単元学習があり，働く力を身につけるために作業学習が設定されています。実は，我々は昔からキャリア教育を取り入れた教育実践をしてきているのです。先生方から，何で今さら，キャリア教育を取り入れる必要があるのか，という疑問の声があがるのも当然です。

　障害児教育（当時は精神薄弱児教育）がスタートした当初は，言うまでもなく，教科学習中心の教育が行われていました。教科学習と言っても，通常の子どものような生活年齢に応じた教科学習ではなく，発達年齢に応じた教科学習です。障害があっても教科学習はすべきである，教科学習は学校教育でしか保障できない，教科学習で，この子どもたちを成長，発達させることはできる，という考えをもっていたからです。

　では，なぜ生活単元学習や作業学習が取り入れられたのでしょうか。

　当時の学習を少し振り返りながら述べてみます。

　当時の教科学習は個々の能力に合わせた学習が行われていました。例えば，算数であれば，簡単な足し算からはじめ，足し算ができるようになると引き算に移り，次には応用問題へと進むのです。ところが，足し算も引き算も難なくできるようになった子どもが，応用問題になるとまったくできなかったのです。問題を読まずに，先生に，「これ足し算ですか，引き算ですか」と尋ね，先生が足し算と言えば足し算をし，引き算と言えば引き算をするのです。先生は，これは今まで応用問題を解く機会がなかったからだ，と考え，応用問題を解く学習を繰り返しました。その結果，何とか応用問題もできるようになりました。次は，これを実際に生かしてみようと，買い物に行ってみると，応用問題で「100円を持って買い物に行き，50円のお菓子を買いました。おつりはいくらですか」がわかる子どもが，100円のお金を握りしめたまま，買い物がまったくできなかったのです。先生方が熱心に進めてきた教科学習が，実際場面で応用，般化できなかったのです。

　原因がどこにあるのかを検証した結果，この子どもたちは，足し算は足し算，引き算は引き算，応用問題は応用問題，実際は実際で，それぞれの場面

で思考の働きがまったく違うことがわかったのです。一つ一つの場面では思考は働くが，その思考が他の場面に般化されることがなかったのです。場面場面によって思考が働いても，それらを統合できないことがこの子どもたちの知的特性であることがわかったのです。この特性を生かすためには，教科学習でなく，思考が統合できる，総合的な学習を行う必要がある，という考えのもと，検討に検討を重ね，生まれたのが，教科・領域を合わせた指導，すなわち生活単元学習なのです。生活単元学習は子どもたちが生きる力を身につけるためにはどうすればよいかを熱心に考え，数々の実践を積み重ねる中で，先達によって生み出された貴重な学習なのです。

　作業学習はどうでしょう。作業学習は，生活単元学習の実践を積み重ねる中で生まれた学習です。生活単元学習は生活を中心とした生活体験学習ですが，生活は働くことを抜きにしては考えられない，働くことを含めた生活が生活である，という考えから取り入れられた学習です。作業学習は，より生活を豊かにするために生まれた，働く力を高めるための学習です。生活単元学習と密接に関係のある生活学習であると理解しておく必要があります。

　日常生活の指導は，生活単元学習や作業学習が学習として機能するためには日常生活の自立はどうしても必要であるとして取り入れられた学習です。

　日常生活の指導，生活単元学習，作業学習は，生きる力，働く力を育てるために欠かすことのできない，この教育の中核となる学習です。

　こういう歴史を知れば，この教育はキャリア教育そのものの教育をずっと追求してきたということがわかるのではないでしょうか。

　では，キャリア教育そのものの教育を行っている特別支援教育が，なぜキャリア教育を取り入れる必要があるのでしょうか。これが，今，最も理解しておかなければならないところです。

　一言でいえば，我々は「日常生活の指導」「生活単元学習」「作業学習」を通して，生きる力，働く力を育てる教育を行ってきたが，はたしてそれがどれだけ成果が上がっていたのか，が問題なのです。成果が上がっていれば，「特別支援教育ではキャリア教育を早くから取り入れ，成果を上げています」

と自信をもって言えるのですが，残念ながらそうではないのではないでしょうか。生きる力，働く力を育てる教育の方向性は間違いないのですが，指導の内容，方法となると改善すべきところがあるのではないかというのが，キャリア教育が特別支援教育に取り入れられている理由なのです。このことが理解しておかなければならない重要な視点です。

　では，今までの教育のどこに問題や課題があって，何をどのように改善していかなければならないのでしょうか。それについて説明をします。

　我々は，生きる力，働く力を育てるために，今までどんなことに力を入れてきたのでしょうか。どんな指導をしてきたのでしょうか。このことを，まず考えてみたいと思います。

　今までの教育は，できることを増やすこと，できないことをできるようにすることが彼らの自立，社会参加につながると考えていました。また，さまざまなスキルを身につける指導を行い，スキルアップにも力を入れてきました。さらには，体験が生活する力を高めると考え，実際場面での体験学習を取り入れてきました。こうした指導を決して否定するものではないですが，はたして，これらの学習がどれほど効果的であったか，その検証をすることも忘れてはなりません。ある子どもは，学校では，できることも多く，スキルも高く，校外学習をはじめ実際場面での体験も積み重ねてきましたが，就職すると，こうした力が発揮されることはほとんどなく，結局，職場に適応できず離職に追い込まれました。実は，筆者はこうした事例をたくさん見てきました。

　一体，どこに原因があるのでしょうか。

　就職して社会生活を送る上では，確かに，できることが多いことは必要です。スキルが高いことも重要です。さまざまな体験が社会生活をスムーズにすることも事実です。できること，スキルが高いこと，実際体験は職業生活，社会生活の質を高めるために必要な条件ではありますが，それだけでは十分でないことを知っておく必要があります。できることも，スキルも，実際体験も人としての育ち（内面，人間性の育ち）があって初めて機能するもので

す。単にできることが多いだけでは生活の中では機能しません。内面の育ちを伴ったできることであって初めて機能します。

　できることが少ないのにもかかわらず，内面が育っているために，生きる力を身につけ，不自由ない生活を送っている子どもはいくらでもいます。極端に言えば，できなくても，スキルが低くても内面が育っていれば生きる力を身につけることができるということです。障害が重くても，能力的に弱さをもっていても関係なく，すべての子どもに生きる力を育てることができる可能性を秘めている，と言い換えることができます。可能性のあることを求め続ける教育であってこそ教育と言えます。指導者が子どもに可能性を見出すことができなければ教育は成立しません。すべての子どもに可能性のある内面の育ちを伴うできる力を育てることが，生きる力，働く力を高めるということを理解した上で，これからの教育は推進する必要があります。

　目先のできることやスキルアップすること，単なる体験を積み重ねるだけでは子どもは育たないことに，指導者は早く目覚めるべきです。実は，このことは，この教育にキャリア教育を取り入れたからこそ見出すことができたことです。キャリア教育が特別支援教育のさらなる充実，発展に寄与したと言っても過言ではありません。

(1) どういう内面の育ちが必要か

　内面の育ちが生きる力，働く力を育てることができるとするなら，どのような内面の育ちが必要なのでしょうか。重要なのは「意識」「主体性」「意欲」の３点です。意識してできる，主体的にできる，意欲的にできる，こういうできることでないと実際には通用しません。これは，スキルの獲得や体験についても同様です。これからの教育は，この内面の育ちを伴う，この３点を重視した学習を展開する必要があります。具体的には，「意識を育てる日常生活の指導をしましょう」「主体性を重視した生活単元学習をしましょう」「意欲を重視した作業学習をしましょう」ということになります。

　日常生活の指導を見ていると，指示されるままに，目的意識もなく，周りの人にも意識を向けない生活を送っている子どもがたくさんいます。

生活単元学習で，与えられた課題や役割はこなしているが，主体的に，目的意識をもってできているか，というと疑問です。

　作業学習で指示された作業は黙々としていますが，やらなければいけないという意欲や質の高い作業をしようという意欲が感じられません。

　これでは，いくら学習を積み重ねたとしても生きる力，働く力につながらないことは言うに及ばずです。今まで重視してきた，できることやスキルの向上に偏った指導や対応は，必ずしも生きる力や働く力を育てることにならないことをしっかりと理解しておく必要があります。

　できることやスキルの向上も重要ですが，生きる力，働く力を育て，それが実生活で機能できるようにするためには，「意識」「主体性」「意欲」に焦点を当てた教育が必要であるというのが，キャリア教育が特別支援教育に求めていることだ，という理解をしておかなければなりません。

　意識は日常生活の指導，主体性は生活単元学習，意欲は作業学習としているのは，発達の順序性を考えてのことです。日常生活を意識して送れていない子どもに主体的な生活は望めません。やらなければいけないことを意識して行動できない子どもが，目的に向かって主体的に行動できるとは思えません。主体的に生活できない子どもが意欲的に働くことができるでしょうか。主体的に生活できない子どもが，主体的に働くことができるでしょうか。主体的な生活ができて初めて，働く意欲が芽生え，職業生活，社会生活の質を高めるのです。

　日常生活の指導で，あまり主体性や意欲を求める必要はありません。意識に絞って指導をしてほしいと思います。生活単元学習では意識が育った状態で学習を展開すると間違いなく，意識して主体的な生活ができるようになります。これが生活の質を高め，生きる力を育てます。

　生活単元学習では，必ず主体的に課題，役割を果たす学習を計画してほしいと思います。生活単元学習で主体的に課題，役割を果たすことができていれば，作業学習では自ずから意欲は出てきます。こうした内面の発達を大切にした12年間の段階的な，積み重ねを重視した学習を考えることが，特別支

援教育に求められているキャリア教育であり，これから最も重視しなければならない教育です。

(2) 全人教育の推進

「意識」「主体性」「意欲」を育てる教育とは，具体的にどういう教育をいうのでしょうか。もう少し具体的に述べてみたいと思います。

意識は日常生活の基本行動（人間が生活していく上で最低限身につけておかなければならない行動）に焦点を当て育ててほしいと思います。

主体性は，生活単元学習を通して，自分らしさを発揮しながら，自らの課題や役割を主体的に果たすことを積み重ねることにより，生活の質を高め，課題や役割に自ら挑戦しようとする生活意欲を育てることを目指してほしいと思います。

意欲は，作業学習を通して，貢献を実感する体験を積み重ねることにより，働く意欲を育ててほしいと思います。

これは，何も今までと違った教育を行おうとするものではありません。実は昔から重視されてきた教育です。しかし，今までの教育では，それほど成果を出すことができなかったので見直しをしようという話です。この教育は昔から全人教育を目指してきました。全人教育とは，「知識，技能に偏ることなく，人間性を，調和的，総合的に発達させる教育」を言います。人間性を個々の実態に応じて高め，知識や技能が生きる力，働く力として機能するようにしていこうという考えです。この全人教育を具体化した教育を行おうというのが，これからの教育です。「考え方は理解できるのですが，具体的にどう実践していけばよいかとなると，なかなかに難しく，その方向性が明らかにできなかった」というのが，今までの教育ではないでしょうか。この全人教育を実現するために，筆者が重視すべきであると考えているのが「基本行動」「生活意欲」「働く意欲」を段階的に育てていく学習です。具体的な内容については後で述べることにします。

(3) 自ら社会参加（生活適応）する

社会参加は，すべての学校で，その実現に向けて熱心に取り組んできまし

第1章　特別支援教育の課題と今後の方向性　21

た。しかし，その割に成果が出なかったのはなぜでしょうか。筆者は，社会参加させることに一生懸命になっていたことが最大の問題ではないかと思っています。社会参加をさせるためには社会に適応する必要がある，適応するためには適応に必要な，社会で求められている力を身につけなければならない，具体的には，できることを増やし，スキルを高め，実際の体験を積み重ねていくことが重要である，という考えを中心に実践を行ってきました。まさに社会参加をさせるための指導や訓練が重視されました。社会参加させる指導や訓練で社会参加できるのであればいいのですが，社会参加とはそういうものではありません。周りに認められたり，必要とされたり，役に立ったりするなど，能動的な社会参加でなければ，社会での存在感を示すことができません。社会参加が機能しないのであれば社会参加の意味がありません。

　我々の社会参加を考えればわかるように，社会参加は自らが進んでするものです。自らが主体的に参加することで社会での適応力が増し，社会参加の質を上げていくことができます。先にも述べた「自らする」「主体的にする」「意欲的にする」といった学習を大切にすることが能動的な社会参加を実現し，最終的に求めなければならない人生の質の向上につながるのです。

　はたしてどれだけの子どもが，学校卒業後の生活で人生の質を高めているのでしょうか。先にも述べた生活実態調査では，ほとんどの子どもが生活の質を低下させています。筆者が何よりも気になるのは，子どもたちが直面する生活の中で自分の存在を示すことができていないことです。自分の存在を示すことができない生活が，生活と言えるでしょうか。生活の中で自分の存在を感じることができない，存在価値が認められない生活で生活の質を高めることはできません。学校教育では，もっと認められる，必要とされる，役に立つ，貢献を実感する学習体験を積み重ね，「自らする」「主体的にする」「意欲的にする」力を身につけなければならないと強く感じます。

⑷ 自分を知る

　筆者は，人生の質を高めるためには，自分を知る教育を行うべきであると思っています。これは，キャリア教育でも重視されていることです。

はたして，この子どもたちはどれだけ自分を知って活動できているでしょうか。自分の能力や得意なことをどれだけの子どもが知っているでしょうか。筆者の見る限りでは，ほとんどの子どもは，自分の能力や得意なことを知らないまま生活をしているように感じます。学校現場では，子どもたちの主体性を引き出す学習が盛んに行われていますが，自分の能力や得意なことを知らない主体性がどれだけ生活で機能するでしょうか。ほとんど機能しないと言ってもよいと思います。そういう主体性を求めることに意味があるのでしょうか。機能する主体性は，自分の能力や得意なことを知らないと生まれないものです。

　我々は自分の能力でできることであれば，意欲的に主体的に取り組もうとします。また，得意なことであれば，誰かに言われなくても積極的に，主体的にやろうとします。一方，能力以上のことを課されると，得意な人に支援を求めるという主体性が働きます。これが機能する主体性です。このことは，この子どもたちにとっても変わらないはずです。決して，この子どもたちにとって難しい課題ではありません。ある知的に重度な子どもは，できることは主体的に取り組み，できないことは主体的に支援を求めることができます。障害が重くても自分を知っているから，こうした主体性が生まれるのです。自分を知ることは障害や能力に関係なくできます。

　人として生活していく以上は機能する主体性を身につけなければなりません。自分を知るという教育は，機能的な生活を実現する上で欠かせないことです。

　では，この子どもたちは，どうすれば自分の能力や得意なことを知ることができるのでしょうか。できないことをできるようにして自分の能力や得意なことを知ることにつながるでしょうか。これは，筆者の実践体験を考えても，ありえません。できないことができても，できたという意識がもてても，それが自分の得意なことにつながるか，というとそうではありません。自分の得意なことにするためには，そのための学習を必要とします。具体的には，できることをよりできるようにする学習が効果的です。子どもたちはできる

ことは多くあっても，それが得意なことと結びついていません。得意なことにするための学習が行われていないからです。子どもはできることがよりできるようになると，自信をもち，自分の得意なこととして認知します。得意なことを認知すると，誰でもそうですが，必ずそれを生かした生活をしようとします。これが生活の質，人生の質を高めるきっかけになるのです。

　苦手なことやできないことを認知するための学習は必要ありません。子どもたちには，できることや得意なことだけを認知する学習を設定すればよいのです。できることや得意なことを認知できれば，わざわざ苦手なことやできないことを認知させなくても，自分で自覚できるようになります。自分で自覚できるからこそ，苦手なことやできないことを克服する努力が生まれます。これは得意なことを認知した人でないとできない努力であることを知っておいてほしいと思います。

　子どもは自分を知ると，自分らしさを発揮できるようになり，働くことや生きることの意味を知ることにもつながるのです。

(5) 人生の質を高めるために重視すべきこと

　では，人生の質を高めるためには，これから，具体的に何を重視した教育を行わなければならないのでしょうか。筆者は３つのことが重要だと考えています。

① 存在価値を高める

　これは前述したように，家庭生活，学校生活，地域生活，職業生活の場で自分の存在を示すことができるようにすることです。生活をしていても自分の存在を示すことができなければ，安定はできませんし，適応状態にあるとは言えません。こういう状態で社会に出て人生の質を高めることができないのは言うまでもないことです。筆者は，少なくとも学校卒業時には地域で存在感を示すことができる子どもを育て，社会に送り出すことが必要であると考えています。そのためには２つの学習を重視すべきです。

　一つは，地域で存在価値を示す地域学習の設定です。地域で存在価値を高めるためには，地域で存在価値を高める学校づくりを行う必要があります。

特別支援学校は地域にありながら，地域の人にその存在さえ知られていない学校もあります。存在は知られていても，どういう子どもがいて，どんな活動をしているのかが理解されていない学校もあります。こういう学校で育った子どもたちが，将来，地域で自分の存在を示し，生きていくことができるでしょうか。

　今までの教育ではこのことを改善する方策として，子どもたちを地域に出し，地域の人にこの子どもたちの存在を知ってもらうという体験学習を重視してきました。筆者が言っているのはそうした学習ではなく，地域の人が積極的に学校教育に参加してくれる，地域の人が主体となった体験学習です。子どもたちが地域の人にかかわる学習と，地域の人が子どもたちにかかわる学習を比べて，どちらが子どもの存在価値を高めるかというと，言うまでもなく後者です。

　地域にはさまざまな分野での専門家がたくさんいます。こういう人たちを巻き込み，共に歩む学校づくりが必要なのです。例えば，愛媛県立みなら特別支援学校では劇場（坊ちゃん劇場）のプロの演出家の指導を受けて，高等部３年生全員が参加しての見事なミュージカルを演じました。劇場での一回の公演予定が，観たいという希望者が多いために２回となり，いずれも満席（450席）となりました。公演をやり終えた子どもたちの自信に満ちた表情が印象的で，間違いなく地域に存在感を示すことができたと聞きました。

　また，愛媛大学教育学部附属特別支援学校では，プロの料理人から知識，技能を学ぶ料理教室をしています。これからは，こういった専門家を巻き込んだ学習を積極的に取り入れていくべきです。

　もう一つは，自分の努力で存在価値を高める学習です。言うまでもなく，存在価値は誰かに高めてもらうのではなく，自分で高めるものです。しかしながら，今までの教育の中で，自分で存在価値を高める学習がどれだけ行われていたかとなると，ほとんど行われていなかったのではないかと思うのですが，どうでしょうか。例えば，学校教育の中で，子どもたちが目標の達成に向けて努力する学習がどれだけ設定されていたのでしょうか。通常の高校

生なら，大学受験に向け一生懸命勉強に精を出します。希望の企業へ入社するために就職試験対策に余念がありません。さまざまな資格を取るために頑張っていることもあるでしょう。いずれも自分の存在価値を高めるために日々努力をしています。ところが，この子どもたちにはそういう学習の場があったでしょうか。ほとんどなかったと言っていいのではないでしょうか。これではいつまでたっても存在価値を高めることはできません。

　今，筆者が存在価値を高める学習として注目し，最も期待をしているのが，全国的に取り入れられるようになってきた技能検定です。愛媛県でも導入して3年が経ちますが，1級の取得を目指して，自主的に練習を行い，自分の力で1級に合格する子どもが年々増えています。「子どもが目標に向けて努力するようになった」「1級が取れなくて涙を出して悔しがった子どもがいた」「保護者が子どもの将来に期待をもつようになった」「教師が子どもの力を見直すようになってきた」「マスコミ報道もあり，職場や地域の人の子どもたちの見方が変わってきた」など，今までになかったプラスの心の変化がたくさん出てきています。筆者は，技能検定の充実，発展こそが子どもたちの存在価値を高めることになると信じています。

② 社会的役割を高める

　社会で生きていくためには，社会的役割を果たすことは当たり前のことです。支援を受けるだけの生活では存在価値を高めることはできませんし，人生の質は高まりません。どんなに障害の重い子どもでも，彼らは社会的役割を果たせる力をもっています。子どもがもっているその力を，どう社会的役割に結びつけていくかが，教師に問われている専門性となります。これからの教育は，支援を受けることを考える生活よりも，自分のもっている力を生かして社会に役立つ生活，社会に積極的にかかわる生活を実現していくことが重要になります。

　では，具体的にどうすればよいか，重視してほしいことを述べてみます。

　最近は，どの学校でも，地域の人や通常の学校の人との交流が盛んに行われていますが，筆者の知る限りでは，社会的役割を引き上げる交流ができて

いるかというと，そうではないように思います。ほとんどが，自分たちが積極的に役割を果たす自分たち主体の交流ではなく，地域の人や通常の学校の人が主体となった活動に受動的に参加し，楽しむといった交流が主です。まさに，ノーマライゼーションに基づいた交流です。筆者が求めているのは，ソーシャルロール・バロリゼーション，すなわち社会的役割を引き上げる交流です。子どもたちが主体となって役割を果たし，地域の人や通常の子どもたちに感謝される交流です。対等以下の交流ではなく，対等以上の交流です。

　例えば，京都府立舞鶴支援学校の高等部の子どもが，書道パフォーマンスの大会に出場する近隣の高校生のために，書に合わせて和太鼓をたたくという交流をしていました。お互いが求め合い，感謝し合い，よかったと喜び合える，貢献し合う，こうした対等の交流が必要なのです。

　愛媛大学附属特別支援学校の中学部の子どもが，幼稚園児が喜ぶゲームを考え，自分たちが主体となって準備をし，楽しんでもらえるようにした交流を行っていますが，このような，してあげる交流も，社会的役割を引き上げるために効果的です。

③ コミュニケーション力を高める

　人生の質を高めるためには，コミュニケーション力が重要であることは言うまでもないことです。コミュニケーション力があれば，人とのかかわりを深めることができますし，人間関係，信頼関係がスムーズに築けます。我々の生活は人間関係，信頼関係の上に成り立っています。人間関係，信頼関係ができていなければ，生活は窮屈になりますし，生活している実感がなかなか得られません。生活の質も生活意欲も向上しません。

　ところで，コミュニケーション力とはどういう力をいうのでしょう。なぜか，多くの人がことばがあるかないかを強調しますが，そうではありません。ことばがあってもコミュニケーションが取れない子どももいますし，ことばがないのにコミュニケーションが取れる子どももいます。

　その差はどこにあるのでしょうか。ことばがあっても人と人との関係性の中で使えなければ意味がありません。ことばがなくても人と人との関係性の

中でかかわりを深めることができればコミュニケーションは取れていることになります。

人間関係や信頼関係など，人と人との関係性が成立しなければコミュニケーション力があるとは言えません。人間関係，信頼関係を築く関係性は，実はことばをもっていることよりも，主体的行動や目的的行動，意欲的行動や見通しをもった行動が取れることの方が重要であることがわかっています。関係性を築くのにことばがあればいいことには違いないですが，なくてもそれほど問題視する必要はありません。ことば以上に，周りに受け入れられるソーシャルスキルを身につけているとか，表情が明るいといった，人にかかわるための基本行動が身についていることの方が大事です。コミュニケーション力を高めようとすれば，ことばよりも人と人との関係性を重視した取り組みを行う必要があります。

ことばはなくても，コミュニケーション力を高めることはできます。しかし，よりその質を高めるためには，理解力が重要です。能力や障害に関係なく，理解力の高い子どもほどコミュニケーション力が高いです。理解力がなければコミュニケーションの質も幅も限定されますから，生活の質の向上にはつながりません。理解力には知的理解力（教科学習などのように知的に理解する力）と行動的理解力（生活単元学習のように行動を通して理解する力）がありますが，身につけてほしいのは行動的理解力です。この子どもたちは，知的理解力の向上には難しさがありますが，行動的理解力には可能性を秘めています。この教育では行動的理解力を高めるために教科・領域を合わせた指導（日常生活の指導，生活単元学習，作業学習）が設定されていることを忘れないでほしいと思います。

2 生きる力・働く力とは

人生の質の向上のためにはどういう教育が必要であるかについては述べました。次は，具体的な指導内容，指導方法について説明します。

生きる力，働く力は昔からずっと教育現場では使い続けてきたことばです。しかし，生きる力，働く力とはいったいどういう力をいうのか，どういう状態をいうのか，なぜ彼らにとって必要なのか，その定義づけが明確になっていません。明確にされないまま教育実践が行われています。これでは具体的な指導内容も指導方法も見えてきませんから，実際の指導もあいまいにならざるを得ません。生きる力，働く力を高める指導は行ってきたにもかかわらず，その成果が上がらないのは，こうした理由によると考えられます。指導者が目的を明確にして，自信をもって取り組む具体的な指導でなければ効果が上がらないことは言うまでもないことです。次期の学習指導要領でも生きる力，働く力の具体化が求められています。子どもたちに生きる力，働く力を確実に身につけ，実社会に送り出していく学習が必要とされているのです。

　生きる力，働く力は地域生活，職業生活で存在感を示すことができる力ということができます。

　まず，生きる力，働く力とはどういう力をいうのかについて説明します。

(1) 生きる力とは

　生きる力とは何か，一言でいえば「生活の質を高めること」「生活意欲を高めること」です。できることが多いとか，高いスキルをもっていることではありません。できることが多いために，生活が変化してきたとか，高いスキルが多くの人に認められ，感謝されたとか等，生活の幅が広がったり，生活の質が向上したり，生活意欲が出てきた，といったことが必要になります。できることやスキルを高めることが目標ではなく，生活の質や生活意欲が向上することが目標です。生活の質や生活意欲が向上したことを確認して初めて生きる力が身についたと考えることができます。

　学校で計算ができるようになることや，文字が書けるようになるための指導も必要ですが，これだけでは生きる力にはなりません。学校で計算ができるようになったために進んで買い物に行くようになったとか，文字が書けるようになったために友達と手紙でやり取りするようになった，など生活の質が変わらなければ生きる力にはならないのです。

第1章　特別支援教育の課題と今後の方向性　29

学校で，生きる力を高める指導というなら，生きる力が身についたことを確かめるまでの指導が必要です。計算ができたり，文字が書けるようになったりすることを目標にするのではなく，生活の質が変わることを目標においた指導計画を立てなければなりません。これが今まで行われていなかった指導ではないでしょうか。

　筆者の実践体験では，子どもが生活意欲を示すのは，できることが生活で生かされたときであると思っています。生活意欲を高めようと思ったら，できることを生活で生かし，成功体験を積み重ねることが重要です。できるようになることがゴールではなく，できるようになったことが生活で生かされることがゴールであると理解しておく必要があります。ゴールまで責任をもった指導計画を立てることが生活意欲を高め，生きる力を身につけるのです。最終的に求める生活意欲は，できることに取り組む意欲ではなく，できないことでも挑戦しようとする意欲です。これを実現するためには，できることが生活で生かされる体験を積み重ねることが重要です。

　先生方の授業を見ていると，子どもに課題や役割を与え，それを遂行するための支援を一生懸命考えていることがよくあります。実は，こうした指導がほとんどであると言ってもいいぐらいです。これでは，仮に課題や役割を遂行することができたとしても，生活意欲につながることはありません。重要なのは主体的に課題や役割を遂行する姿勢です。支援は課題や役割を遂行するためのものではなく，主体的にできるためにあると考える必要があります。最終的には自ら課題や役割に挑戦し，遂行できるようにすべきです。決して難しい課題や役割を設定する必要はないのです。ねらうべきは，「自ら挑戦する」「自ら遂行する」です。

(2) 生きる力につながる力

　では，生きる力とは具体的にどういう力をいうのでしょうか。これが明確にならなければ指導はできません。筆者は生きる力を高めるためには次の3つの力が必要だと考えています。

① 思考，判断，見通しをもって主体的に行動する力

主体的行動が生きる力になると考えている人も多いですが，そうではありません。主体的であっても目的的でない行動はたくさんあります。部分の主体性は発揮できても全体の主体性は発揮できないこともあります。主体的に行動できても，ほとんどがルーチン化された行動で，思考や判断を伴わないこともあります。はたしてこのような主体性が生きる力につながるでしょうか。指導者は主体的行動のみに目が向きがちですが，実は，主体的行動を引き出す内面の働きこそが重要です。主体的行動がさまざまな場面で通用する生きる力になるためには，行動を考える，行動を判断する，行動を見通す力が必要です。行動は思考，判断，見通しを伴って初めて生きる行動になります。主体的行動にだけに注目するのではなく，主体的行動を引き出す内面の働きに目を向け，生きる力になる主体的行動を引き出す取り組みを行ってほしいと思います。

② 般化する力

　ところで，この子どもたちは，できるようになれば般化につながりますか？　スキルが身につけば般化につながりますか？　体験を積み重ねれば般化につながりますか？　いずれも，「いいえ」です。できることはいっぱいあるのに，実生活ではほとんどそれが発揮できない子どもはたくさんいます。スキルが高いのに職場では通用しない子どももたくさんいます。小学部のときから12年間，さまざまな生活体験を積み重ねてきたのに，それが生活で機能していない子どももたくさんいます。

　これからの教育は，般化を目標にして，今までの学習の在り方を見直す必要があります。一言でいえば，般化する力を身につける学習計画を設定するのです。般化したことを確かめるまでの計画を立てるのです。学校で学習したことがそのまま実社会で般化すれば無駄のない，効率的で，理想的な学習になりますが，そうはいかないのがこの子どもたちです。しかしながら，最初からできないとあきらめる必要はありません。学習したことがそのまま般化する学習の在り方を実践研究することにも是非，挑戦してほしいと思います。本来，生活単元学習はそういう学習として取り上げられたものです。

できないことをできるようにする指導や身についていないスキルを身につける指導は日常的に行われています。こうした指導を否定するものではないですが，これだけでは般化しないということは，日々実践を行っている先生方はおそらく実感しているはずです。般化するためには，できるようになったことや，身につけたスキルを実際場面で使う成功体験学習が必要です。せっかくできるようになっても，スキルが身についても，それを使った生活を実際にしてみなければ，子どもたちはできるようになったことやスキルを身につけたことの意味や必要性が理解できませんから，生活の質は向上しません。できるようになったことや身につけたスキルが実際の生活で使える体験をすると，生活に自信が出てきますし，もっとできることを増やそう，スキルを高めようとするようにもなります。こうした心の変化が発達であり，こうして身につけたできることやスキルが生きる力となるのです。

　般化は，実生活に生かすことだけを考えればよいものではありません。日々の授業においても，身近な般化を考えた学習を積み重ねることも必要です。例えば授業を行うとき，導入で必ずと言っていいほど，先生方は本時の授業内容や課題や役割，また本時の目標について説明をします。しかし，説明が終わった後，「さあ，やってみましょう」と言っても，誰も動くことができないことがよくあります。本時の目標を意識して活動することは，ほとんどの子どもができていません。先生が説明したことで，子どもたちが行動に移れなかったり，目標を意識して活動できないとするならば，先生の説明は般化につながる説明になっていないということになります。般化する説明の在り方を検討する必要があります。

　授業が終わっての振り返りも同様のことが言えます。一人一人が反省点を述べますが，次時の学習に生かされたケースはほとんどありません。導入，すなわち，本時の目標が意識できていないからです。本時の目標が意識できていてはじめて振り返りが機能します。次時の学習に生かされる振り返りができるようになります。

　高知県立中村特別支援学校の小学部の生活単元学習「野菜を育てよう」の

授業を見ました。導入で，本時の授業内容や課題，役割について説明をするとき，ことばでするのではなく，見て，楽しく学べるよう先生方が寸劇をしていました。先生方の役者ぶりがすばらしかったせいもありますが，子どもたちはみんな真剣に見入っていました。話を聞いて理解することが難しい子どもたちが多くいましたから，この，見て理解する寸劇は大変効果がありました。子どもたちは，それぞれ自分がこれからやろうとすることが理解できたようで，説明が終わると自ら活動に移ることができていました。1時間の授業では，こういう般化を考えた学習計画を立てることも大切にしてほしいと思います。

③ 地域生活に適応する力

　何のために生きる力を身につけるのか，それは地域生活に適応するためです。子どもたちは，将来は地域で暮らし，地域で働くことになります。地域で暮らし，地域で働く生活がどれだけ充実しているかによって，生活の質，人生の質が変わってきます。地域生活に適応できることは，学校卒業後の生活が充実するために大変重要です。

　では，地域生活に適応するとはどういうことでしょうか。それは，地域生活で必要な役割，課題を主体的に果たすことができている状態をいいます。言うまでもなく生活単元学習は生活上の課題や役割を主体的に果たす学習です。生活単元学習の授業は身近な生活に絞った課題や役割を果たすことが多いですが，これからは，もう少し生活の幅を広げ，地域生活でも通用する力を身につける学習を行う必要があります。学校で果たすことができるようになった課題や役割を地域生活でも同じようにできるよう学習計画を立てることが，これからの生活単元学習に求められています。

　また，日々の授業では，子どもの言動，教師の指示や支援，対応などにも気を配る必要があります。具体的に言えば，子どもの，この言動は地域生活に通用するのか，教師の，子どもに対する今の指示や支援，対応は地域生活に受け入れられるのかを考えた指導を行うことが重要です。地域生活に適応することを意識して，常に子どもの言動や教師自身の支援，対応を評価しな

第1章　特別支援教育の課題と今後の方向性　33

がら学習を進めてほしいと思います。

(3) 働く力とは

　働く力とは就職を実現するために必要な力ではありません。職業生活の質や働く意欲を高めるために必要な力です。ある子は就職が実現し，毎日仕事に行って給料はもらってくるのですが，職業生活の質は高くありません。定時に出勤して，一日黙々と，誰ともかかわることなく仕事をし，定時に家に帰りますが，家では奇声を発しながら階段を下りたり上がったりしています。仕事がストレスになっているとしか思えません。本当にこういう生活でいいのでしょうか。就職することで，職業生活の質が高まらないのであれば就職することの意味がどこにあるのか，と言えば言い過ぎでしょうか。

　学校の作業学習で，真面目に，黙々と作業をするから働く力が身についているかというと，必ずしもそうとは言えません。

(4) 働く力につながる力

　では，働く力とは具体的にどういう力をいうのでしょうか。これを理解した上で作業学習を考えなければ職業生活の質の向上は期待できません。筆者は働く力が職業生活の質を高めるためには次の3つの力が必要だと考えています。

① 目的，目標の達成に向けて努力する力

　働くというと，どうしても仕事ができるかどうかに焦点を当てがちですが，職場で働くというのは，それでは通用しません。職場から，「働くことの意味がわかっているのか」「働くことがどれほど真剣な活動であるかわかっているのか」「働きたいという意識はもっているのか」「仕事の質を自ら上げていく意欲があるのか」などという厳しい質問を受けることがあります。そのほとんどが働く上で欠かせない内面の育ちの指摘です。職場の要求に応えて，すべての課題をクリアすることはなかなか難しいですが，筆者がとりわけ重要視しなければならないと思っているのが，目的，目標に向かって努力する力です。働く上で欠かせない内面の育ちだと思うからです。これができていると，就職後すぐには職場の要求に応えられなくても，数年後には間違いな

く，職場から貢献度を評価される可能性があります。

　しかしながら，作業学習では目的，目標に向かって努力する力を育てる指導が行われているかとなると，そうではありません。与えられた作業を黙々と遂行することを重視して，子どもが目標をもって努力することに視点を当てた学習はほとんど展開できていません。与えられた作業を黙々としても，その作業の質が低ければ職場では通用しないことは言うに及ばずです。質を目標にして，子ども自身が質を上げる努力をする作業学習を設定すべきです。

　作業学習の評価を行う場合も，単に「よく頑張りました」「いい製品ができました」等ではなく，質の高さを評価し，質の高さに向けて努力したことを認める評価をする必要があります。

② 貢献できる力

　働くとは貢献することです。貢献に値する結果を出すことです。働く以上は成果を上げなければなりません。一生懸命働いても，成果を上げることができなければ，働いたとは言えません。一生懸命働いて成果を上げ，自分自身が貢献を実感できれば，働く意欲が生まれ，一層，働く質も高くなるというものです。

　では，貢献を実感するためにはどのような作業学習を行えばよいのでしょうか。具体的には，作業の質の高さを求める作業学習を行うのです。作業の量に視点を当てないことが肝要です。通常の子どもでもそうですが，量で貢献を実感するためには，かなりの意志力と努力，持続力が必要です。仮に量をこなすことで貢献を実感できても，それは一時的で，いつまでも心の中に残るものではありませんから，働く意欲にはつながりません。一方，作業の質ならどうでしょうか。質を高めようとすれば作業中は，常に意識の高さを必要とします。作業中ずっと心の変化を伴う活動になりますので，結果が認められたときの貢献の実感の度合いは，量とは比べものになりません。決して量はどうでもよいと言っているのではありません。働く力を育てるためには，貢献を実感する体験が必要だということを理解してほしいのです。質の高さで貢献を実感した子どもが，質を落とさず量に挑戦するようになればさ

らに質の高い働く力が育ちます。

　さらに言えば，学校で貢献できた力を，地域や職場で発揮する体験にさせてほしいのです。こうした体験を通して，貢献の実感を確かなものにしていくのです。

　沖縄県立八重山特別支援学校では高等部の子どもたちにアルバイトを許可しています。放課後や休みの日に，イオンのスーパーでレジ打ちをしたり，ホテルでベッドメーキングの仕事をしたりしている子がいましたが，本人たちに話を聞くと，自信に満ちた返答が返ってきます。職場で貢献を実感できているからです。

　地域にオープンカフェを開設した学校もあります。地域の人から接客態度や，コーヒーのおいしさが高く評価され，自信をもった地域活動ができているのです。こうした，地域や職場で貢献を実感できる活動を積極的に取り入れてほしいのです。

③ 職業生活に適応する力

　働く力がなぜ必要か。最終的には職業生活に適応するためです。職業生活の質を高め，充実した人生を送れるようにするためです。

　では，職業生活に適応するとはどういうことで，どういう力を身につければよいのでしょうか。適応とは先にも述べたように「主体的に課題，役割を果たすことができている状態」をいいます。したがって職業生活に適応するとは，「職場で与えられた仕事を，一人で，責任をもって，主体的に正しく確かに遂行できている状態」ということになります。一言でいえば「職場に貢献できている状態」です。職業スキルが高いことに越したことはないですが，それだけが重要なのではなく，個々の能力に応じた仕事を責任をもってやり遂げ，貢献できるかどうかがポイントになります。働くことの重要性を認識し，高い意識をもって働くことが何よりも求められているのです。

　職業生活に適応するためには，前述した仕事への適応のほかに，もう一つ大事なことがあります。それは職場の仲間への適応です。仕事は言うまでもなく，お互いの信頼関係で成り立っています。いくら職業スキルが高く，仕

事面で貢献できたと思っていても，信頼関係が構築された上での仕事でなければ，仕事面での貢献の質は低くなります。

　では信頼関係を構築するためにはどうすればよいのでしょうか。職場の仲間が受け入れてくれる行動，不快を感じない行動がとれることが最低限必要なことです。具体的には，あいさつ，返事，ことば遣い，マナー，約束，きまりなどの行動がそれに当たります。これらは，職場で指導するよりも作業学習の中で日々指導しておくことが必要です。作業学習では，どうしても作業をすることだけに目が向きがちですが，信頼関係，人間関係を育てる学習もしっかり設定する必要があります。

3　「日常生活の指導」と意識の向上

　「日常生活の指導」では，なぜ意識の向上が必要なのでしょうか。今までの「日常生活の指導」は基本的生活習慣の確立を目標に，どちらかと言えば，しつけや習慣化に焦点を当ててきました。できないことをできるようにしたり，スキルを高めたりする指導や訓練を徹底してきました。こうした指導が実際の生活で通用するのであれば，何も問題なかったのですが，そうでないことがわかってきました。

　例えば，子どもを現場実習に出すときは，職場へ子どもの実態を示した調書を渡すのですが，ほとんどの子どもは基本的生活習慣は身についていると評価されています。実は，そうした子どもたちが，職場からは基本的生活習慣に問題があるという評価を受けるのです。着替えが定着していると言われていたある子どもは「更衣室で周りの人に配慮できない。周りの人を意識できない。邪魔になって着替えがしにくい」という苦情を受けました。また，ある子は「大勢が入っている更衣室に入ることができず，すべての人が終わった後で着替えを始めるため，始業に間に合わない」という指摘を受けました。手洗いは問題ないと言われていた子どもが，帰る間際に工場長に呼び止められ，顔についた油を落とすように指示されました。昼食時に人のコップ

を勝手に使った子どももいました。トイレに入っているときノックされても，ノックで返答できなかった子どももいました。実は，あげればきりがないほどたくさんあります。今まで行ってきた「日常生活の指導」は基本的生活習慣の自立を目指してきたはずなのに，自立にはほど遠い状態だったのです。原因はどこにあるのか，行動だけに目を向け，意識に目を向けてこなかったことに問題があるのは言うまでもありません。

　では，これからは，どのような「日常生活の指導」に変えていけばよいのでしょうか。筆者は，愛媛大学附属特別支援学校で校長をしているとき，実生活で機能する「日常生活の指導」を行うために，目標を「基本的生活習慣の確立」から「基本行動の確立」へと変更しました。基本行動とは，「人間が生きていく上でどうしても身につけておかなければならない行動」，「障害があってもなくても，生活をする上では欠かすことのできない行動」と定義づけしました。もっと具体的に言うと，周りの人に認められる行動，周りの人に受け入れられる行動，周りの人に配慮した行動，周りの人を意識した行動ということになります。周りの人を意識しながら主体的な日常生活が送れる「日常生活の指導」を目指すことにしたのです。意識を伴う基本的生活習慣の確立が基本行動の確立だと言い換えてもいいと思います。行動ができてもそれに伴う意識が育っていなければ生活に適応できないことは言うまでもありません。今までは，教えたり，訓練したり，同じやり方を繰り返したりしてできるようにすることに一生懸命でしたが，意識を育てることを目的とした「日常生活の指導」を行うことにしました。

　では，「日常生活の指導」で意識を育てるためにはどういう指導が必要でしょうか，具体的に述べてみたいと思います。少なくとも，次の4つの意識は育てる必要があります。

(1) 自分のことは自分でしなければいけないという意識

　日常生活動作は身についているが，しなければいけないという意識が育っていない子どもがたくさんいます。指示すれば，靴を揃えることができるのに，言わなければ脱ぎっぱなしです。着替えのスキルはもっているのに，一

から十まで指示がいります。手洗い，食事，排泄も言われるままに動いているだけで，自分からしなければいけないという意識がありません。これらは，子どもたちの障害や能力のせいでしょうか。筆者はそうは思いません。指導者の対応のまずさがこういう子どもを育てていると感じます。指導者が，障害や能力を意識した過度なかかわりや援助が，子どもたちの本来もっている意識を眠らせているのではないかと思うのです。「自分のことは自分でするという意識と行動」は人間の本来性のもので，誰もが持ち合わせているものです。ところが，いつも指示や援助を受けていると指示や援助が当たり前になり，本来もっている前向きの意識や行動が，後ろ向きの意識や行動に置きかわるのです。まさに，意識が後ろ向きに置きかわっている状態が今の子どもたちではないでしょうか。

では，自分のことは自分でしなければいけないという意識はどうすれば育つのでしょうか。まずは，やらせる対応を止めることです。指示や働きかけを控えることです。特に行動への働きかけ（「くつを揃えなさい」「手を洗いなさい」「トイレに行ってきなさい」等）は，意識を低下させますので，しない方が賢明です。もともと，自分で判断したり，見通したりすることが苦手な子どもたちですから，実際は指示や働きかけをされて行動する方が楽です。しかし，生活は指示されて行動するだけでは質は高まりませんし，何よりも生活そのものが成り立ちません。この当たり前のことを理解し，対応するのが教育です。子どもは，自分で判断したり，見通したりすることで自分自身の生活を確立し，生活の質を向上させます。先生や親の指示がなければ行動しようとしない子どもをよく見かけますが，こういう子どもは，将来の生活に適応できません。

指導のポイントは，自分のことは自分でしなければいけないという意識に焦点を当てた支援をすることです。行動はどうでもよいと言っているのではありません。意識を育てながら行動の確立を目指すのです。もっと言えば，意識の段階に応じて行動の指導を行うのです。意識を無視して，行動だけに注目した指導が非常に多いですが，こうした指導をしていると，行動は確立

したのに，意識が育っていないために，誰かが働きかけないと行動できません。まさに，自立には程遠いアンバランスな成長をしていることになります。意識の育ちが，個々のバランスのとれた人としての成長を実現することを忘れないでほしいと思います。

　具体的には，行動をさせることに一生懸命になるよりも，主体的行動を促す支援を真剣に検討してほしいのです。促す支援をしていると言っても，やらせる対応となんら変わらないケースもよく見られます。促す支援は，考えたり，判断したり，見通したりすることにポイントを置くことです。促す支援で行動できても，思考や判断や見通しが立たない主体的行動であれば意識は育ちません。促す支援は，内面に働きかけ，自らの意志で行動できるようにするために行うものです。

(2) 主体的にしようとする意識

　「日常生活の指導」で目標にしてほしいのは自立です。自立とは，言うまでもなく，できることの積み重ねではありません。主体的行動の積み重ねです。いくらできても，主体性が伴わなければ，生活では通用しません。一方，できることは少ないのに，主体性が育っている子どもはどうでしょうか。実は自立的な日常生活が送れている子どもが多いのです。このことに注目すべきです。障害は重くても，能力的に弱さをもっていても，主体性が発揮できれば，どの子も自立の可能性があります。

　主体性と言っても，いろいろな主体性があります。「着替えが主体的にできだした」，という子どもを見せてもらうと，構造化によるパターン化された主体性でした。筆者は，このような主体性を求めているのではありません。確かに，先生から指示されることもなく，働きかけられることもなく行動はできていますが，動作は緩慢で，目はきょろきょろとして定まらず，主体的にしようとする意識はまったく感じられませんでした。こういう状態で，「衣服の着脱の自立ができた」「主体的に着替えができだした」と評価していいのでしょうか。よくないことは今まで述べてきた通りです。

　こういう子どももいました。手が汚れると自ら手洗い場に行って手を洗う

40

ことができるのですが，洗い方はいい加減で，汚れもきれいに落ちていません。主体的に行動する点はいいですが，正しい洗い方ができていないケースです。主体的行動は主体的に正しい，確かな行動をして初めて，自立につながる主体的行動と言えます。正しく確かにすることを求め続けなければ，自立という目標を達成することはできません。主体的に行動しなければいけないという意識と，正しく確かにしなければいけないという意識の両方を育てることが必要です。障害や能力のせいで，当然ながら正しく，確かにできない子どももいます。こうした子どもでも，支援をしながら，常に正しく，確かに遂行する体験を積み重ねれば，できなくとも，正しく，確かにしなければいけないという意識が育ってきます。これが重要です。

　意識を育てるための主体的行動の指導は，行動の始めと終わりがポイントになります。活動途中の行動に主体性を求めても，始めと終わりの主体的行動ができていなければ，意識を伴う主体的行動が確立することは少ないと理解すべきです。自分でやり始め，自分で終わることができる体験が，基本的には意識化を進め，意識の質を高めます。例えば，自ら着替えを始めることができ，自ら着替えを終わり，自ら後片付けができれば，着替え途中での主体性に問題があっても，最終的には一人で，主体的に手早く着替えができるようになります。始めと終わりの主体性が身につけば見通しがついていくので，徐々に活動途中の主体性が引き出されていくのです。思いつきで主体性を求めるのではなく，どうすれば意識してできる主体性が身につくかの発達の順序性を理解した指導と対応が必要です。

(3) 目的意識

　生活していく上での基本的な意識として重要なのが，目的意識です。これがあるかないかで，生活の質は明らかに違ってきます。行動は起こしても，その行動が何のためなのか，どういう目的でする行動なのか，その意味が理解できていなければ，行動の質の変化は期待できません。生活の質も変わってきません。行動は目的をもった行動であってこそ，生きる行動になります。日常生活の指導はしつけや習慣化のための指導と思っている人も多くいます。

確かに，通常の子どもにとってはそういう部分もあります。しかし，この子どもたちにとっては，それでは生きる力は身につきません。日常生活の指導は，発達や自立の基本の力を身につけ，子どもたちが直面する日々の生活の質を高める上で欠かせない学習です。日常生活の指導は何のために行うのか，目的を理解して取り組まなければ，将来の社会参加や就労にも結びつきません。すべての生活は目的意識の上に成り立っていると理解すべきです。

　ところで，学校ではそうした目的意識を育てる日常生活の指導が行われているのでしょうか。筆者が見る限りではそうは思えません。着替えを例にあげると，多くが，着替えができるようになることが指導の目的になっています。着替えができるようになれば生活の質が変わると思っているかもしれませんが，実際はそうではありません。着替えはできるようになっているが，それは学校だけの話で，外ではまったく機能していない子どもはたくさんいます。着替えはできるが，言わなければ着替えない子どももいます。着替えが済めばじっとその場に立って次の行動を起こそうとしない子どももいます。着替えはできるが目的意識をもった着替えができていないところが問題で，改善を要するところです。目的意識をもっていれば，指示されるまで動かないこともないはずです。緩慢な動作で着替えたりしないはずです。着替えが終わっても，じっと立っていることもないはずです。たとえ着替えができなくても，目的意識（次の行動の理解）をもっていれば，手伝ってもらってでも着替えを早く終わらせようとするはずです。目的意識が子どもの生活づくりを確立する上で重要です。日常生活の指導で大切にすべきは，次の行動を理解，意識して今の行動にあたる，ということです。これができているかを，日々の指導で評価してほしいと思います。

　実際の指導においては，着替えをさせることに注目させるのではなく，着替えが終わった後の次の行動に注目させます。着替えが終わった後の行動を認知させた上で，着替えの指導を行います。目的的な行動を繰り返すことで目的意識を育てるのです。今の行動よりも次の行動を重視し，次の行動に向けて今の行動を起こす意識を大切にするのです。

⑷ 支援を求める意識

　障害のある子どもは，当然ながら，日常生活の基本動作ができないことがたくさんあります。生きていく上では，できないことを努力してできるようにすることも重要ですが，これがすべてに要求されると，子どもたちには大変なストレスになります。できる力をもっているのにできないのであれば，できるようになる努力を指導者と共にすることも必要ですが，できる力をもちあわせていないのに，できるようになるよう努力を強いられると，生活をしようとする意識も意欲も低下していきます。実はこうした状態に陥っている子どもがたくさんいます。

　これはすべての人に言えることですが，人は自分でできることは自分でし，できないことは支援を受けながら生きています。これが普通の生活であり，当たり前の生き方です。こんな当たり前のことが障害のある人にできていないのはどこに原因があるのでしょうか。障害のある人は，できないことが多いために，できないことを何とかしてできるようにしなければいけないという，指導者の過剰な意識が指導上，優先されるからでしょうか。障害のない人はできることが多く，支援を受けることが少ないため，実際は支援を受けているのに，それを感じない，意識しない生活となっているのではないでしょうか。人は100人いればみんな，それぞれ違う資質をもっています。どんなに資質が高くてもすべてにおいて完璧な人間はいません。人は支援を受けずには生きることはできません。支援が多いか少ないかの違いだけです。支援を受け合うからこそ，人と人との良好な関係性が育つのです。多くの支援を受けている障害のある人は，支援を受けすぎであるという理論は成り立ちません。人は人としてより豊かに生きることが保障されなければならない存在です。支援が人により違うのは，より豊かな生活をしていくためになくてはならないということでもあります。このことをしっかり理解した上で教育を行うことができるかどうかで，子どもの発達や自立の促進は違ってきます。

　では，具体的にどういう支援をすることが必要でしょうか。余分な支援をしたり，求められていない支援をしたりなど，支援の受け手と，支援をする

第1章　特別支援教育の課題と今後の方向性　43

側のミスマッチが多く見られるのも事実です。原因は，支援をする側の勝手な思い込みと，配慮が生き届きすぎた支援にあります。こうしたことをなくすためには，障害のある人本人が積極的に必要な支援を求めていくことができるようにする必要があります。「障害のある人はできないことが多いから支援をしてやらなければいけない人なんだ」という，障害者であるという先入観に基づく考えを改め，「障害があっても自分でやれることは自分でできるし，できないことは自ら支援を求めることができる人なんだ」という，人が当たり前に生きる生き方を求める支援，対応を行ってほしいと思います。教育を行う指導者は，常に子どもの将来に期待のもてる考え方をする必要があります。

　障害があっても自分でやれることは自分でしようとし，できないことは支援を求めることができる人を育ててほしいと思います。支援はしてくれるまで待つのではなく，自ら求めていくものであることを，日々の生活を通して意識できるような学習を積み重ねてほしいと思います。実際には，支援を求めることのできる子どもは多くはいません。特に障害の重い子どもはほとんどがそうです。子どもは支援の受けすぎの生活を続けていると，要求する必要がなくなります。こういう生活は避けなければなりません。

　では，具体的にどういう指導をすれば，支援を求めてくる子どもが育つのでしょうか。学校現場では，よく支援を求める方法を教えていることがありますが，これはほとんど効果はありません。例えば，「わからないときは先生に聞きなさい」とか，また，ことばのない子どもには「活動が終われば先生の肩をたたいて知らせなさい」や「このカードを使って知らせなさい」などです。子どもに支援を求める意識がなければ，こうした対応は何の意味もありません。先生方は，子どもの活動を見て，できないことが気になるのか，ついつい手を出し，口を出すようですが，こうした対応が，子どもの支援を求める意識を低下させていることに気づく必要があります。意識を育てるためには，任せて待つ対応を徹底すべきです。何でも任せて待つのではなく，任せてもできる課題を任せて待つのです。できればその課題に目標を設定す

44

れば一層効果的です。目標に向けて活動していると，課題が明確になりますから，クリアできないときは支援を求めようとする意識が強くなります。こういう体験を日々させてほしいのです。

(5) 日常生活の指導のまとめ

日常生活の指導で今後，大切にしなければならないことをまとめてみます。重要な指導内容，指導方法として，以下の4点を挙げることができます。

① 周りの人に受け入れられる行動を身につける

単にできる行動ではなく，周りに受け入れられるできる行動を目指します。学校でできることは地域や職場でもできるようにします。指導にあたっては，子どもの，この行動は周りの人に受け入れられる行動であるかどうかを評価するとともに，指導者自身が，今行っている対応は，はたして実社会で通用する，受け入れられる対応なのかを常に評価し，改善に努めます。

② 周りの人を意識した行動ができるようにする

個室で一人ならできるが，周りに人がいたらできないのでは困ります。周りに人がいるとできないからと言って，ブースで周りとの接触を避けている指導者がいますが，これは自立につながる指導ではありません。周りの人を意識しながら行動するのが当たり前の行動であり，これが自立的行動です。周りの人がいる中で行動する体験を積み重ねます。

③ ベースラインに基づく指導を行う

ベースラインの把握を重視します。日常生活の指導は問題ないといっても，それは教師が指示や支援をしているからで，実際は，指示や支援をしなかったら何もできない子どもがたくさんいます。実態把握にしても，教師が指示や支援を出している状態での把握がほとんどで，ベースラインとなる把握（指示も支援も何もしない状態での実態）ができていません。自立を考えるなら，日常生活の指導は，ベースラインの把握を出発点とし，それに応じて指示や支援を考えながら，ベースラインからの引き上げを図ります。

④ 指示をしない対応を考える

これからの「日常生活の指導」は，基本行動の確立を目指し，自立を実現

第1章　特別支援教育の課題と今後の方向性　45

することを目的にします。自立で欠かすことができないのが意識です。日常生活の指導で重視しなければならないのは,「できる行動」ではなく,「意識してできる行動」です。指示をしないで行動できる対応を考えることが意識を育てます。

具体的には意識を育てるためには次の2つの学習が効果的です。

●生活の流れを重視した学習

意識を高めるためには,行動に視点を当てた指導をしても効果はありません。着替えができないから特別に着替えの指導をする,手洗いができないから手洗いの訓練をする,トイレがうまくできないから,トイレの使い方を教える学習を設定するなどという指導は,スキルを高める上では効果があるかもしれませんが,意識レベルの高まりは期待できません。

日常生活の指導内容は,すべて生活の流れに沿って身につけていくものです。生活の流れに沿うからこそ,意識が芽生え,生活の質が高まるのです。特別な訓練だといって生活の流れに関係なく学習を設定すると,できるようになっても生活の一部として定着しませんから,意識も変わってきません。意識は生活の流れを意識することが重要です。日常生活の指導は生活の流れを意識させながら,スキルを身につけていく学習です。

●意味,目的性を理解した学習

生活の流れを大切にするということは,日常生活動作の一つ一つの意味,目的を理解するということでもあります。日常生活の流れを理解し,主体的な生活を送ることができれば生活の質も変わってきます。特別な学習の場で意味や目的について子どもに説明したとしても何の意味もありません。意味や目的は生活体験により自らが理解していくものです。通常の子どもは実際に体験しなくても,体験の話を聞いたり,本を読むことで意味や目的は理解でき,自分の行動にも生かせますが,障害のある子どもはそれがなかなか難しいのです。このことをしっかりと理解した上で学習計画を立てる必要があります。

「この子どもたちには意味や目的はどうでもよい,とにかくできることが

重要である」という指導者がいますが，意味や目的を理解できない学習で，どんな生活が成立すると考えているのでしょうか。こういう指導者には子どもは任せられない，ときっと保護者は思うでしょう。

4 「生活単元学習」と主体性の向上

　生活単元学習は何のための学習か，なぜ主体性が必要かについて説明します。

　生活単元学習は，生活に適応する学習，生活の質を高める学習，生活意欲を高める学習，生活課題を自ら解決する学習，生活力を高める学習，生きる力を育てる学習などと言われています。いずれも生活単元学習に当てはまる学習ですが，具体的に何をどうすべきかについてはあいまいです。どの学校でも，実際にはかなりの時間を割いて学習しているにもかかわらず，その成果が出ていないことが課題です。生活に適応する，生活の質を高める，生活意欲を高める，生活課題を自ら解決する，生活力を高める，生きる力を育てる，は主体性をベースに考えないと達成できないことですが，その主体性が引き出されない学習が展開されています。まずはこの点を見直す必要があります。

　これからの生活単元学習は主体性の向上がキーワードになります。今までも主体性は重視してきたと思いますが，ここでいう主体性は生きる力につながる主体性です。具体的に言うと，主体性にはいろいろな主体性があります。自分勝手な，思いつきの主体性，パターン化，ルーチン化されているために引き出される主体性，指示や課題を与えられると行動できる主体性，指示や課題を与えられなくても自ら行動する主体性などです。生きる力につながる主体性とは，指示や課題を与えられなくても自ら行動する主体性です。自分勝手な，思いつきの主体性やパターン化，ルーチン化されているために引き出される主体性は生活単元学習でねらう主体性ではありません。指示や課題を与えられると行動できる主体性は，生活上重要な主体性の一つではありま

第1章　特別支援教育の課題と今後の方向性　47

すが，この主体性で指導者が満足しているところに問題があります。確かに指示や課題を与えたときに主体的に行動できることは重要です。しかし，これは指示や課題を与えられなくても自ら行動する主体性が身についている子どもであってこそ機能するものです。指示や課題を与えると主体的に行動することができるのであれば，次は指示や課題を与えると，与えた以上の課題を遂行するようになった，と言えるような指導を行う必要があります。それが指示や課題を与えられなくても自ら行動する，機能する主体性へと発展するのです。

　では，生活単元学習で主体性を引き出し，生活意欲を高め，生きる力を身につけるためには，どのような学習を設定すればよいでしょうか。重視しなければならないことを4点述べます。当たり前というキーワードに注目してほしいと思います。

(1) 自らする生活を当たり前にする

　あるとき，子どもたちの生活実態を調査してみました。ある程度は予想していましたが，一日の生活で，させられる生活がいかに多いことか，自分を生かした生活，自分らしさを発揮した生活，自分自身を中心とした生活がほとんどないのです。自ら行動する生活，自ら考える生活，自ら判断する生活，自ら見通す生活がとにかく少ないのです。特に障害の重い子どもは，一日の生活すべてがさせられる生活になっています。できないから，動けないから仕方ない，と言いますが，させられるだけの生活で生活づくりができるか，生活の質を高めることができるかというと，否です。させられる生活がすべていけないと言っているのではありません。自らする生活，すなわち自分らしさを発揮できる生活がわずかでもできる子どもであれば，させられる生活があってもいずれ自らする生活に移行する可能性がありますが，させられるだけの生活を送っている子どもは，させられて行動することが当たり前の生活であると認知してしまう可能性があります。これがこの子どもたちの認知特性です。そうなれば，筆者の経験では，もう自分の生活を送るのは並大抵のことではありません。先生方から「理解はできているのに指示待ちで自分

から行動しようとしない。どうすればよいか」という相談を受けることがよくありますが，これは，させられる生活を積み重ねてきた結果であると言えます。こんな生活を強いられ大きくなった子どもが，どれだけ周りの人に役に立つ，必要とされる生活ができるようになるでしょうか。結局は一生，させられる生活を送るようになる可能性があります。このような生活だけは送ってほしくないというのが，筆者が最も強調したいところです。

とにかく，「させられる生活を改めましょう」「今日からさせる生活をやめましょう」「自らする生活を当たり前にしましょう」と心に決めていただければ一番うれしいです。せめて，させる生活を少なくし，自らする生活を増やしていくように心がけてほしいと思います。「させる生活を徹底したことで，子どもがよく動くようになった」などと，いかにも指導の成果が出たように話す人もいますが，決して，職場や社会で通用する力になっていないことを知っておく必要があります。当たり前のことですが，職場や社会で通用する力は自らする生活でしか身につきません。能力や障害に関係なく，自らする生活ができている子どもほど生きる力が育っています。

その子どもなりの自らする生活をどれだけ作るかが，生活単元学習が目指さなければならない指導です。

(2) 主体的に役割，課題を果たす生活を当たり前にする

自らする生活ができるようになっても，主体的に役割，課題を果たす生活ができなければ，生活の質を向上させることはできません。生活の質の向上は主体的に役割，課題を果たす体験の積み重ねによって決まります。是非，日々かかわっている子どもの生活実態を調べてほしいと思います。主体的に役割，課題を果たすことができている子どもほど生活の質が高いことがわかります。いくら能力が高くくも，主体的に役割，課題を果たすことができていない子どもは，生活の質は低いはずです。役割，課題を果たすことができていると言っても，指示されたり，支援を受けたりなど，主体的でない子どももそれほど生活の質は高くありません。

生活単元学習は主体的に役割，課題を果たすことを体験する重要な学習の

第1章 特別支援教育の課題と今後の方向性 49

場です。これは，障害や能力には関係なくです。いくら障害が重くても，能力的に弱さをもっていても，人として生きている以上はその子に合った役割，課題を主体的に果たす生活を実現する必要があります。それが人として生きる当たり前の生活です。障害が軽いから，能力が高いから生きる力が身につき，生活意欲が高くなるのではありません。生きる力は，人が人として生まれたときから，どれだけ主体的に役割，課題を果たす体験を積み重ねているかどうかにより決まってきます。

　年齢や発達，障害や能力に応じて，その子にとって生活上必要な適切な役割，課題を設定し，それを主体的に遂行する体験を積み重ねることが，生活単元学習が果たす役割です。

　筆者が，いろいろな学校現場での生活単元学習を見ていて，最も気になるのは，役割，課題を果たさなくていい学習，指示や支援を受けながら役割，課題を果たす学習が当たり前のように行われていることです。厳しい言い方をすれば，先生はこの生活単元学習で，この子どもたちに，何を学ばせ，身につけようとしているのかが見えませんし，学習の意図が理解できません。さらに言えば，生活単元学習は，この子どもたちにとってなぜ必要なのか，どういう意味があるのか，何を目的として行われる学習であるかが理解できていないのではないかと思ったりします。

　では，どうすればよいか。先生方から「生活単元学習は難しい。どうすればよいかがよくわからない。生活に関することであれば何をやっても生活単元学習として成立すると思っていた」などという，がっかりする声を聞くことがありますが，是非，子どもが目的に向かって努力する学習を展開してほしいと思います。具体的には，今まで述べたように，重要なのはただ一つ，すべての子どもが主体的に役割，課題を遂行できる生活中心の学習を展開することです。これができていれば，子どもにとってふさわしい生活づくりが形成されます。これが生活単元学習でねらうべきことです。

　生活単元学習は生活を消化する学習でなく，生活を自ら切り開き，より質の高い生活を実現するための学習であることを忘れないでほしいと思います。

(3) 自らかかわる生活を当たり前にする

　生きる生活とは，言うまでもなく，能動的な生活を言います。受動的な生活は生活の質を高めることはありませんし，生活意欲も生まれません。ある子どもは「学校生活に適応できている。問題ない」と評価されていました。筆者は，実際に一日，子どもに寄り添って，生活実態を観察してみました。確かに安定して学校生活に適応しているように見えましたが，生活そのものはほとんどが受動的でした。受動的な生活は学校では適応状態を作り出すことがあるかもしれませんが，地域や職場では適応できません。すべて能動的な生活が必要だと言っているのではありません。受動的な生活に適応することも必要です。しかし，少なくとも能動的な生活が受動的な生活よりも多い一日にする必要があります。生活というのは，能動的な生活と受動的な生活の適度なバランスによって適応状態を作り出します。適応状態の質は能動的な生活が多いほどよいことは言うまでもありません。

　ところで，この子どもたちは，家庭生活や学校生活でどれだけ能動的に人にかかわっているでしょうか。生活をする上で人とのかかわりのない生活はありえません。能動的な人とのかかわりが生活を安定させ，生活意欲を高め，生活の質を高めます。しかしながら，学校や家庭で，子どもたちが能動的に人とかかわることができるような指導が行われているかというと，そうでないように思います。

　ある学校で，小学部１年生の生活単元学習の授業を参観しました。子どもは８名で，指導者は７名です。主の先生が前で子どもたちに話をして，他の先生は，それぞれ担当の子どもの後ろについています。一瞬，保護者が参観に来ているのではないかと，見間違いそうな雰囲気です。子どもが後ろを向けば，先生がさっと顔を前に向かせます。手遊びをしようものなら，後ろから手を押さえて膝に置かせます。声を出している子には，手で黙っての合図を示し，声を出させないようにします。

　授業は，「わらび餅を作って食べよう」という単元でしたが，先生から指示されて活動するスタイルは，１時間中ずっと変わらず，まさにやらされて

第1章　特別支援教育の課題と今後の方向性　51

いる授業の典型例でした。それでも子どもが動いてくれるのならまだいいのですが，子どもの方は嫌がって，むしろ先生の思いとは逆に勝手な行動をしようとしていました。先生の方は自分の思い通りさせようとしますので，だんだん強い対応になります。学習というよりは，やる訓練のようでした。子どもたちの様子を見ていると，やりたくないという心の叫びが聞こえてくるようでした。子どもが受動的になる対応を続けていると必ず弊害が出てきます。授業が進むにつれて不適切行動が増えていました。「また，わらび餅を作りたい」というよりも，「もう，わらび餅は作りたくない」というマイナスの感情だけが残ったような授業でした。

　筆者が，授業の後で，「何で一人一人の子どもにつきっきりで対応しなければならないのですか」と質問すると，先生からは「誰かがかかわらないと，この子どもたちは何もできないのです」という返事でした。こういう考え方が子どもの発達を停滞させるのです。誰かがかかわらないと子どもが動けないからかかわる，という発想ではいつまでたっても主体性はできてきませんし，生活に適応することもあり得ません。子どもが自らかかわりを求めてくる生活をどのように設定するかが，発達を促す授業であり，生きる力を育てる授業になります。

　筆者が先生方に提案したのは，子どもにかかわらなくても子どもたちが活動する授業，子どもたちが先生方にかかわりを求めてくる授業です。

　先生方は授業改善に向け，授業を見直しました。先生が直接，指示をしたり，教えたりするのを止め，子どもが自ら活動できるようにするために，自ら見て学ぶ学習を取り入れたのです。教師がモデルになって課題を遂行するビデオ映像を作り，子どもは，それを見ながら課題に取り組むようにしたのです。これは大変効果的でした。子どもたちは，自分の机の前に置かれたモニターの画面を見ながら活動するのです。授業は「焼きそばを作って食べよう」という単元でしたが，前回の授業と違って，先生からの指示や働きかけはありません。ビデオがその役割を果たしているため，必要ないのです。子どもたちが主体となった静かな授業です。子どもたちは，それぞれがテレビ

画面を見ながら，画面の手順や手本にそって活動していくのです。

　前回では自分勝手に動いていた子どもが，画面を真剣に見入って活動していました。先生の仕事は，子どもたちが課題をスムーズに遂行できるように，モニター画面を止めたり巻き戻したりするだけです。働きかけはすべて画面を通して行うのです。教師がかかわらなくても子どもが自ら活動する授業になっており感心させられました。筆者が高く評価したのは，子どもたちの真剣な目，表情を引き出した，先生の指導センスです。

　ことばのない自閉症の子どもたちが，画面にあらわれる活動に遅れまいと必死です。こういう意識の変化，主体性こそが生きる力につながると思いました。まさに目が働き，心が動く授業です。先生のかかわりが中心だった前回の授業のときは見られなかった光景です。障害や能力には関係なく，子どもが自ら活動する環境設定を個々に応じて検討すれば子どもは自分の能力を発揮して主体的に活動しようとすることが確認できた授業でした。

　主体的に活動できるようになると，自らかかわりを求めようとするものです。主体的に活動できない子どもが自らかかわりを求めることはありません。指示をしたり，支援をしたりなど教師が子どもにかかわりながら活動させる授業を考えるのではなく，かかわらなくても主体的に活動できるようにする授業を考えることが，自ら人にかかわる力を育み，生活の質を高めるのです。

(4) 自ら支援を求める生活を当たり前にする

　言うまでもなく，生活単元学習は，主体的な学びを通して自ら課題を解決する学習です。そのためには，自らが解決できる課題が設定されていることが必要です。ところが実際はそうなっていない授業が多く，先生がすぐに支援をし，子どもの主体性を引き出すどころか，主体性を出さなくてもいい状況を作り出しています。40分間の授業で，教師が指示や支援をし続け，子どもの主体性がまったく見えない授業もたくさん見られます。

　また，子どもが自分で考えて課題を解決しようとしているのに，任せて待つことができずに，教師がやってしまうといった，生活単元学習のねらいから明らかにかけ離れている授業が展開していることもあります。生活単元学

第1章　特別支援教育の課題と今後の方向性　53

習は教える学習ではなく，自らの学びを通して課題を解決し，自らが生きる力を高めていく学習（アクティブ・ラーニング）であることを，今一度，教師はしっかりと認識しておく必要があります。

　生活単元学習で，筆者が，どうしても守ってほしいと思っていることがあります。それは，指示したり，手伝ったりする対応をやめることです。できれば支援もしなくてもよい，自らが課題を解決できる適切な環境設定をしてほしいのです。支援をしなくても，子どもたちが生き生きと活動する姿こそ，生活単元学習が求めなければいけない子どもの姿です。先生の中には，「子ども自らが課題を遂行できるよう環境設定をしているが，どうしても課題解決できないこともある。そういう場合には当然，支援は必要なのではないか。すべてを任せられる子どもだけではない」と言われる人もいます。もっともなことですが，筆者が言いたいのは，支援をしてはいけないのではありません。教師が勝手に判断した，先走った支援は子どもの生活の質を高める上でもマイナスになることをわかってほしいのです。先生が行っている支援は本当に子どもが求めている支援なのか，子どもにとって今必要な支援なのかを，子どもの立場に立って考えてほしいのです。先生が支援をしなくても，子ども同士で解決できることはたくさんあります。先生は，子どもへの直接的な支援を考えるのではなく，子ども同士で解決できるための支援を考えるべきです。

　とにかく，子ども自らが支援を求めてくる主体的な生活を実現し，子どもの求めに応じて，適切な支援をすることです。適切な支援とは，子どもが求めている以上の支援でも，以下の支援でもありません。子どもの思いに応える，子どもの思いに寄り添う支援です。こうした支援を教師が目指していると，子どもは積極的に支援を求めるようになりますし，先生が適切な支援をしてくれなかったら，さらに突っ込んだ支援を求めてくるはずです。こういう子どもを育てることができるのが生活単元学習のすばらしいところです。ただ支援をすることだけに注目するのではなく，子どもが育つ支援を考えてほしいのです。

実際に授業で子どもたちを見ていると，教師に支援を求めてくる子どもは非常に少ないように思います。こうした子どもが地域や職場や社会で支援を求めることができるかというと，否です。支援を求めることができるということは，生きていく上では欠かすことができない大切な力であることを，教師は理解するとともに，子どもたちには，できないときは支援を求めていいんだ，当たり前のことなんだ，という意識を育ててほしいと思います。

実際に，通学途上で困ったことがあり周りの人に支援を求めたところ，快く適切な対応をしてもらい，自信をもって生活ができるようになった子どもがいます。こういう生活が当たり前の生活として定着してほしいのです。

(5) 生活単元学習のまとめ

生活単元学習は子どもの主体性を引き出し，子どもらしさを発揮した主体的な生活を確立することで，生活意欲を高める学習です。そのためにはどういう学習が必要か，まとめてみます。特に重視すべきは以下の3点です。

① 興味・関心がもてる学習

何といっても，生活課題や役割は子どもの興味，関心を引くものでなければ主体性は生まれません。とはいえ，必ずしも最初から興味・関心が高い生活課題や役割を設定する必要はありません。最初は興味・関心がなくても，学習を進めていくうちに興味・関心がもてればいいのです。生活課題や役割を果たし終えたときに興味・関心が最も高くなっていれば，理想的な学習と言えます。そうなるような学習計画が必要なのです。生活課題や役割を終えたときの満足感や充実感は，興味・関心の持続と高まりによって違ってきます。満足感や充実感が高ければ高いほど生活意欲が高くなることを考えれば，興味・関心をもって主体的に生活課題や役割を果たすことは重要です。

② 子どもの実態に合った生活課題，役割の選定

興味・関心がもてるためには，子どもの実態に合ったふさわしい生活が設定されているかどうかが重要です。自分に合ったふさわしい生活の中での生活課題や役割であるからこそ，それを遂行し終えたときに満足感や充実感が生まれ，またやってみたいという生活意欲が生まれます。「障害や能力の違

う集団で個々に応じたふさわしい生活を設定するのは難しい」という人もいます。確かに難しさはありますが，そうした集団でそれぞれが生活課題や役割を果たせば生活集団の質は向上し，それぞれが，個々に適した生活意欲を高めることができます。これが生活単元学習のいいところです。集団を無視して個々に応じた生活課題や役割を設定すると，生活単元学習ではなくなってきます。生活単元学習は障害差，能力差に対応した集団を大切にした生活学習ですから，そのよさを生かさなければ効果は半減します。

　ふさわしい生活とは，子どもにとって意味のわかる生活です。具体的に言うと，今まで体験してきた生活で対応できる生活です。教師が勝手に決めた，教師が考えた生活ではなく，子どもが，興味・関心を示す，子どもがしたい生活です。教師が考える生活での生活課題や役割は，どうしてもそれを果たさせることだけに目が向き，させる生活が中心になります。これでは，子どもは生活課題や役割は果たしたとしても，生活をしている実感がもてません。教師が考えた生活は連続性がない場合が多いからです。生活は連続性があってはじめて生活と言えます。教師が考える連続性と子どもが理解できる連続性には当然ながらギャップがあります。このギャップを埋めることをしっかりと考えてほしいと思います。

　生活課題や役割を主体的に果たすことができるようにするためには，生活課題や役割が子どもの実態に合っているか，生活に連続性があるかがポイントになります。

③ 全体と部分の両方を理解した学習

　子どもにとって意味のわかる生活とは，どういう生活を言うのでしょうか。筆者は2つの生活の理解が必要だと考えています。

　一つは今，直面している生活はどういう生活であるかの理解です。つまり生活全体の理解です。もっとわかりやすく言えば，スタートからゴールまでの見通しがもてる生活ということになります。生活は留まることなく，常に進行しています。生活をするとは一歩先を考えた生活をするということです。一歩先を考えた生活ができなければ生活は成立しません。子どもにとって先

の見えない生活は，いくら熱心に学習しても生活の質を高めることにはつながりませんし，生活意欲も生まれません。生活は生活の流れの中で，目的をもって課題を解決することで生活の質を高めます。生活全体の理解とは生活の流れを理解し，目的的に，見通しをもって前進していく生活ができることです。

　もう一つは，生活の部分の理解です。生活の全体を理解したら，生活の全体の質を上げるために，生活の部分を理解しての活動が重要になります。与えられた生活課題や役割をただ黙々と遂行するのがよいのではありません。生活学習のゴールを意識しながら，部分の生活課題や役割を果たしていくことが必要なのです。

　生活単元学習を見ていると，生活の部分（与えられた生活課題や役割）の理解だけに一生懸命になっている授業をよく見かけます。これは生活を学習しているとは言えません。生活の全体を理解した上で，部分に真剣に取り組む生活こそが，生活を学習する，生活意欲を高める生活単元学習になるのです。

5 「作業学習」と意欲の向上

　作業学習は何のための学習か。これは先にも述べた通り，職業生活の質を高め，職業生活へ適応するためです。

　職業生活に適応するためには2つの適応が条件となります。一つは仕事への適応です。職場で仕事面で貢献できるということです。もう一つは人への適応です。職場の人と人間関係，信頼関係を築くことができるということです。仕事で貢献し，人間関係，信頼関係を築くことができてこそ，職業生活の質が高まり，職業生活に適応できます。このことを理解した上で，これからの作業学習を考える必要があります。

　ところで，仕事で貢献し，人間関係，信頼関係を築くことができているのはどういう人でしょう。筆者の調査では働く意欲をもっている人ほど，仕事

の貢献度も高く，人間関係，信頼関係もスムーズであることがわかりました。

　では，働く意欲を育てるためには，具体的にどういう作業学習をすればよいのでしょうか。働く意欲が高い人ほど質の高い作業ができるとするならば，逆に言えば，質の高さを求めていく作業学習を行えば働く意欲が育ってくる可能性があるということです。

　人への適応についても同じことが言えます。働く意欲の高い人が，人間関係，信頼関係をスムーズに築けるとするなら，学校の作業学習においても，作業を遂行することだけに目を向けずに，人とかかわり，互いに学び合ったり，教え合ったり，助け合ったりなど，人との関係性を重視した学習を展開すれば働く意欲が育ってくる可能性があります。

　作業学習は作業ができる子どもを育てるのではなく，働く意欲をもった子どもを育てるための学習です。そのために重視しなければならないのが，質の高い作業ができるようにすることと，仲間と人間関係，信頼関係を築くことができるようにすることです。

　では，具体的にどのような学習を設定すればよいでしょうか。重視しなければならないポイントを述べてみます。

(1) スキルよりも働く意欲に焦点を当てる

　今までの作業学習は職業スキルに焦点を当てて指導することが多かったと思います。しかし，これからは働く意欲に焦点を当てる必要があります。職業スキルが必要ないと言っているのではありません。作業学習で身につけた職業スキルが実際は職場で機能していないことが問題なのです。職業スキルが職場で機能するためには，作業学習はどうあればよいか，指導の見直しが必要です。いくら職業スキルが高くても，働く意欲がなければ，せっかくの職業スキルも職場では通用しません。ところが職業スキルが高くなくても，働く意欲が高い人は職場で通用している例が多く報告されています。このことに注目して作業学習の在り方を考える必要があります。

　筆者は職場を訪問することが多いですが，その際，必ず聞くのは就労条件です。ほとんどの職場が第1に挙げるのが，やはり働く意欲です。

ある職場は「職業スキルが高いことに越したことはない。高いスキルがあれば，さまざまな作業に挑戦させることができるし，本人もやりがいが出てくる。しかし，実際は，どんなに挑戦させてもやりがいを感じない子どもがいる。中には，自分は何でもできるという意識が強く，単純な作業を与えると意欲を示さず，仕事にならない子どももいる。これでは職場の仲間には受け入れられない。当たり前のことであるが，職場で受け入れられ，認められるのは，前向きに取り組む姿勢をもった人，すなわち働く意欲のある人である。学校で多くの時間をとって作業学習をするのであれば，作業スキルよりも働く意欲を育ててほしい。理想的には，働く意欲をもった職業スキルの高い子どもを育ててほしい。働くことの重要性を理解した子どもを育ててほしい」と言われました。

　この話を聞いて，作業学習ではもっと働くことの基本を学ぶ学習を設定すべきだと思いました。ただ作業することよりも，作業することを通して，働くことの重要性を理解したり，目的意識を育てたり，貢献を実感したりすることに目を向ける必要があります。そうしなければ，職場では通用しないことがわかります。通常の子どもであれば，こうした目標はごく当たり前のことで，就労前にクリアしていますが，障害のある子どもは，それよりも，できないことやスキルに注目し，その克服や改善に一生懸命になっているような気がします。職場で仕事ができるようになることだけを考え，職業人として質の高い職業生活が送れるようになることは，あまり意識できていないように思えます。

　では，働く意欲を高めるためには，具体的にどういう作業学習をすればよいのでしょうか。まずは作業学習の指導目標を変更する必要があります。今までは「黙ってする」「手元を見てする」「ていねいにする」「集中してする」「たくさんする」「失敗をしない」など，指導者側に立った，子どもが気をつけなければならない目標がほとんどでしたが，これからは，本人が自ら努力してクリアできる指導目標に変えるべきです。目標達成に向けて，自ら意識して努力する力を育てることにポイントを置くのです。教師が設定する指導

目標でなく，子どもが自ら考える指導目標です。自ら考えた指導目標を自ら努力してクリアする体験を積み重ねることで働く意欲を育てていくのです。

作業学習で，子どもにスキルを教えるということをよくしていますが，基本的には，スキルは自分で高めていくものであるという認識をもっておいてほしいと思います。そういう意欲が職場で通用する意欲となります。スキルを教えることは否定はしませんし，重要性は理解できます。しかし，それは「スキルを高めたい。できるようになりたい」と思っている子どもにこそ有効です。そういう子どもを育てることも，将来の職業生活を考えると，どうしても作業学習で行わなければならないことです。

(2) 人間性を育てる

働く意欲と人間性がどう関係するのか，疑問に思う人もいるかもしれませんが，人間性が育っているかどうかは働く上では大変重要です。働くとは，与えられた仕事をただ黙々と，マイペースに，自分の思い通りにやればよいのではありません。人（職業人）として，どう振る舞い，行動をとるべきか，どのように対応すべきかなど，職業生活を送る上で最低限必要な人間性は身につけておく必要があります。仕事は，人間関係，信頼関係がなければ成立しないことは先にも述べました。これがなければ職業生活に適応することもできませんし，職業生活の質を高めることもできません。当然ながら，働く意欲の向上もあり得ません。

せっかく就職できても，長続きしない子どもがいます。その原因の大半は，仕事ができる，できないよりも，職場仲間との関係性が築けないことです。仕事以外のことで受け入れられていないのです。例えば，「あいさつができない」「ことば遣いが悪い」「身だしなみが悪い」「汚れに気づかないし，汚れを気にしない」「清潔さに欠ける」「食事マナーが悪い」「一人で通勤できない」「コミュニケーションが取れない」「話しているときに人の目を見ない」「自分から働きかけてくることがない」「孤立している」「安全面に問題がある」「規律を守らない」「日によって安定度が違う」「いつも時計を見ている」「協力し合っての仕事が難しい」「整理整頓ができない」「指示が常に

60

いる」「失敗したときに報告ができない」などです。これらは，すべて職場から指摘を受けた内容ですが，実はこうした基本行動が身についていないために良好な人間関係，信頼関係が築けないのです。

　ともすると，作業学習は単に作業をする場になりがちですが，よりよい質の高い作業をするためには，人間性を高めることを忘れてはなりません。筆者は作業学習は作業すること以上に人間性を育てることに重点を置く必要があると考えています。人間性を育てながら作業の質を高めていくのです。周りを意識し，周りと協力しながら作業ができることが作業の質を高めることになるのです。こうした学習が子どもに浸透すると，子どもは，自ら黙って，手元を見て，集中して，ていねいに，素早く作業をするようになるはずです。子どもが自らの人間性を高めていく作業学習の展開が，職業生活で通用する働く力を身につけるのです。

　これからの作業学習は，作業することだけに焦点を当てた指導計画を立てるのではなく，先に職場が指摘した内容も含めて，人間性の向上を重要な学習として位置づけ，人としての成長が確認できる作業学習にしてほしいと思います。人間性の向上の指導は，すべての学習において重視すべきですが，作業学習での指導が最も効果的です。

(3) 貢献の体験を積み重ねる

　筆者が作業学習で最も重視しなければいけないと思っていることは，子どもが貢献を実感する体験をするということです。作業学習の授業を見せてもらう機会は多いですが，作業学習が終了しても，子どもたちの表情に充実感や満足感が感じられないことが何よりも気になります。もっとやりたいと思っているような子どもはほとんどいません。終わってほっとしているようにも感じます。充実感や満足感はやらされる作業では生まれません。自らやる作業であってこそ生まれます。裏を返せば，子どもたちは作業はしても意欲的には取り組んでいない，すなわち意欲をあまり感じない作業に取り組んでいると言えるでしょうか。このような作業学習をいくら続けても，働く意欲は育ちませんし，作業の質も向上しません。作業学習を通して貢献を感じる

からこそ，働く意欲が生まれ，自ら作業の質を上げようとするのです。これが作業学習のねらいです。作業の質が上がれば，さらに働く意欲が高まり，自己を高めるという好循環が生まれます。

　では，子どもたちが貢献を実感できる作業学習とは，どういう学習を言うのでしょうか。教師はどういうことを重視し指導計画を立てればよいのでしょうか。そのポイントを挙げてみます。

●できることよりも，その子がもっている能力，特性，よさが十分生かされる作業課題を設定すること

　子どもの能力からいってとてもできるような作業課題でないのに，教師が子どもの能力で質の高い製品ができるよう教材教具を開発し，すべてを任せたところ，自ら頭を働かせながらクリアでき，自信をもって意欲的に作業に取り組むようになった子どもがいます。難しいと思っていた作業課題が自分の力でクリアできたことで，子どもが貢献を実感できたからにほかなりません。当たり前にできる作業課題ができることよりも，子どもにとってやや難しい作業課題が当たり前にできることの方が，貢献の実感がより高まることは言うまでもありません。

　このように，子どもにとって難しいと思える作業課題を，教師がさまざまな工夫をすることで乗り越える成功体験を大切にしてほしいと思います。自分の力で，難しい作業課題に挑戦し，質の高い作業ができたなら，自信が生まれ，意欲的に作業に取り組むようになるのは当たり前のことです。

　働く意欲は，子どもが一人でクリアできる質の高い作業課題の設定により生まれると理解しておいてほしいと思います。

●作業課題は一人に任せても，十分やり終えることのできるものであること

　子どもは，自分一人に任された作業課題をりっぱにやり終えることができたとき，はじめて働くことに喜びを感じ，もっと働きたいという意欲が生まれます。作業課題を遂行するために，常時，教師がついて教えたり，支援したり，注意したりする対応をよく見かけますが，こうした作業学習では作業はできても，残念ながら何の意欲も生まれません。作業を始めたら，誰から

も支援を受けることなく，一人でやり終え，成果を上げることができる体験を積み重ねることが作業学習でねらうべきことです。そうすれば，自然に働くことに自信と意欲が生まれます。自信や意欲は教師の働きかけによって生まれるものではありません。自らが感じる心の動きです。そうであるからこそ，人はさまざまな難しい課題にも挑戦しようとする力が出てくるのです。

子どもたちに本物の自信と意欲を育て，子どもが「がんばれば一人でやり終えることができるんだ」「次の作業ではもっといい製品を作るようにがんばろう」などと，心から思える作業学習を展開してほしいと思います。

●作業課題は単純なごく一部の工程でなく，複雑で多くの工程を含むものにすること

子どもの能力でできることをさせようとすると，どうしても作業課題は単純化されることが多くなります。特に障害の重い子どもに対してはその傾向があります。例えば木工作業でいうと，磨きの作業がそれに当たります。作業そのものは単純で，誰でもできますが，意欲的にできるかというと否です。磨きの作業で意欲的にできる子どもは，すでに働く意欲が身についている子どもです。作業課題を考えるときは，できる作業であるかどうかよりも意欲的にできるかどうかに視点を当てるべきです。磨きのような単純な作業課題を与える場合は働く意欲のある子どもを選ばなければなりません。そういう子どもであると，単純な作業であっても工夫して，どうすれば質の高い作業になるかを一生懸命考えます。それが，さらに質の高い働く意欲を育むのです。

基本的には障害の重い子どもや能力的に弱さをもった子どもは，単純でなく，複雑で，工程の多い作業課題を設定する必要があります。「彼らには，それはできない」と言われる先生もいます。そうではなく，「もっている能力でできるやり方を工夫すれば可能性はいくらでも広がる」と考えてほしいのです。障害の重い子どもや能力的に弱さをもった子どもは単純で，工程が少ない作業ほど頭は働きませんし，作業をしなければいけないという意識も生まれません。ところが，複雑で，工程が多い作業は，自分一人でできる工

第1章　特別支援教育の課題と今後の方向性　63

夫がされていれば，自然に頭は働きますし，意識も違ってきます。

　先生方から，「重度な子どもの働く意欲を高めるためにどうすればよいか」という質問を受けることがよくあります。実際に，子どもの作業を見せてもらうと，ほとんどが単純で，作業することの意味が理解できにくいものばかりです。こういう点から改める必要があります。

　障害の重い子どもほど複雑で工程の多い作業を行い，障害の軽い子どもになるに従って単純で，工程の少ない作業を行えば，すべての子どもに個々に応じた働く意欲を高める理想的な学習になります。

●子ども自身が作業の質を高める目標を設定すること

　今までの作業学習の授業では，導入の時間に，教師が，一人一人の目標を設定し，それを周知したのちに作業が始められていました。子どもたちがどれだけ，その目標を意識して作業に取り組んでいたかというと，それはもう，言うに及ばずです。まったくと言っていいほど意識していません。先生が決めた目標の内容が，子どもの意識を高めるものになっていませんから仕方ないことでもあります。「手元を見てがんばる」「ていねいにする」「終われば報告をする」「休まずする」「おしゃべりをしない」などなど，子どもにとって意識しづらい，抽象的な目標ばかりです。先生は，子どもに意識してやってほしいと思っているかもしれませんが，子どもにとっては，意識できる目標ではないのです。先生が勝手に目標を決め，子どもに意識してやりなさい，と言っても無理です。さらに反省会のときは，目標が守れたかどうかをチェックしているのです。子どもが意識できていないことを反省してどれほどの意味があるのでしょうか。筆者はこうした授業を見せてもらうたびに，時間がもったいないと感じます。

　子どもが目標を意識し，目標に向けて取り組むためには，目標は自分で決めるのが基本です。もちろん先生が一緒に考えてやるのは結構ですが，あくまで決めるのは子どもです。また，目標は必ず達成することを考え設定するのがポイントです。目標を達成しようとするからこそ意識が高まり，そのために努力ができるのです。自分で考え，意識して取り組んだ目標であれば，

64

反省会のときに，自分で目標への取り組みを評価し，自分のことばで反省ができるはずです。

　導入では先生が目標を決め，反省会では先生が問題点を指摘し，「次回はがんばりましょう」などと言っても，子どもの心は動かないのです。自分で目標を決め，自分で取り組みの反省をし，次回の課題を整理すれば，学習への意欲は自分の力で確実に積み重ねられます。こうした学習体験でないと，貢献を実感することはできませんし，働く意欲も育ちません。

●評価は質の高さに重点を置き，結果よりも努力したことを認めること

　貢献を実感するためには評価は大変重要です。自分が行った作業がどのように評価されるかによって貢献の実感度は全く違ってきます。教師が「作業を休まずがんばりました」「ここに気をつけて作業をすれば，もっとよい製品ができます」などという評価をいくらしても，子どもは貢献を実感できません。子どもが最も貢献を実感できるのは，作業の質の高さを認められたときです。作業の質の高さを上げるには，内面の働き，すなわち，意識の高さと目的的に取り組む姿勢が必要になります。それが評価されると心は自然に動き，「次はもっとがんばろう」と心に刻み込まれます。ただし，表面的な，儀式的な評価では意味がありません。具体的で，なるほどと思える評価が必要です。作業の質が高いということは，質の高い製品ができているということでもあります。まずは，質の高い製品を高く評価し，なぜ，そういう製品ができたのか，本人の具体的な努力をしっかり見極め評価するのです。例えば「見本をみて，一つ一つ，仕上がり具合を確認しながら，ていねいに集中して作業ができていた。とても感心した」などと言われ，また，その姿が映っている動画を見せられると，次からもっと確認しながら，ていねいに集中して作業に取り組もう，という気になります。自ら努力することの大切さを学ぶと，それが職場でも生かされることになりますから職業生活の質の向上が期待できます。「作業を休まずがんばりました」と言っている子どもが，職場で作業を休まずがんばれるかというと，そうではないのです。

　学校だけで通用する評価ではなく，職場で通用する，職業生活の質を高め

る評価を考えてほしいと思います。

(4) 作業学習のまとめ

　作業学習は貢献を実感する体験を積み重ねることにより，職業生活への適応を目指し，最終的には，働く意欲を高める学習です。単に働くことを体験する学習ではありません。就職を実現するための学習でもありません。そのためにはどういう作業学習を行わなければならないのか，もう一度まとめてみます。働く意欲を高めるためには，作業学習でどういう子どもを育てればよいか。次の4点が重要です。

① 一人で質の高い作業ができる子ども

　今までの作業学習は，どちらかと言えば，作業が根気よくできる子どもを育てようとしてきました。作業が根気よくできれば職場でも通用すると考えていたからです。先生方から「単純な繰り返しの作業であるのに根気よくできる」と高く評価され，将来に期待をかけられた子どももいました。しかし，実際は，そうした子どもが職場では適応できず，せっかく就職できても長続きしませんでした。作業はできても，意識や意欲が低いために職場で貢献できなかったのです。原因は，学校での作業学習ではスキルが重視され，訓練を中心とした作業であったため，進んで作業をしたり，真剣に作業に取り組んだり，目的をもって作業したり，責任感をもって作業をしたりなど，職場で働く上で欠かせない基本姿勢や態度が身についていなかったことにありました。これからの作業学習はここに焦点を当てる必要があります。もっと働くことにやりがいを感じるような，内面を育てる作業学習を行うのです。

　では，それはどうすれば育つのでしょうか。端的に言えば，結果だけを重視した作業学習でなく，結果を出す過程を重視した作業学習に変えるのです。もっと具体的に言えば，スキルに視点を当てた作業学習でなく，質の高さに視点を当てた作業学習をするのです。質が高まってくると，自信が生まれ，やりがいが出てきて，ますます質を上げようと努力をします。遅々たる歩みでよいのです。こういう過程を大切にしてほしいのです。

　とにかく，子どもが自信ややりがいをもって，自ら作業の質を高めていく

ことができるようにしてほしいのです。

② 自らが努力してスキルを高めることのできる子ども

　働く上でスキルの向上は必要です。ただ，訓練によるスキルの向上では職場では機能しないことは先に述べた通りです。我々もそうですが，働く体験を積み重ねると，スキルは向上していくものです。そうであるからこそ職場で存在感を示すことができるのです。人はみんな，職場で貢献するために，自分自身を高めるために，日々努力をしてスキルアップしようとします。そうすることで職業生活の質を高めています。これは，この子どもたちにとっても同じです。彼らも，彼らなりの努力によりスキルアップしていく生活を送る必要があります。

　実際に作業学習の場で，こうした指導が行われているかというと，筆者の見る限りではそうではありません。スキルアップするための直接的な指導がほとんどです。これからの作業学習では，自らが努力をしてスキルアップできる支援をすべきです。自らが努力をしてスキルアップをすることが当たり前であることを認知できる支援をしてほしいのです。

③ 自覚，責任感，目的意識がもてる子ども

　木工作業ではスキルも高く，よく作業のできる子どもがいました。現場実習ではリネン会社に行きました。しかし，職場からは，「スキルも高く仕事もできるが，何を考えて仕事をしているのかわからない。真剣さがなく，意欲に欠ける」と評価されました。先生方は木工作業ではよく仕事ができるから，どの職場でも通用すると思っていたようですが，そうではなかったのです。原因は自覚，責任感，目的意識の欠如にありました。

　自覚は，少なくとも作業の開始前に作業室に来て，自分の行う作業の準備をする，そして作業が終われば元通りに後片付けをするという，働く上での基本的な自覚を，まず育てる必要があります。

　責任感は，まずは責任をもって一人で主体的に質の高い作業ができる子どもを育ててほしいと思います。一人で質の高い作業ができるようになると，さまざまな場面で責任をもった行動がとれるようになります。自己評価がで

第1章　特別支援教育の課題と今後の方向性　67

きる子どもでないと責任感は育たないことも知っておいてほしいと思います。

目的意識は，単に製品を作ることを目的とした意識ではなく，買い手のことを考えて製品作りをするという意識です。売ってお金をもらうことも大事ですが，それよりも，買った人に，喜ばれたり，感謝されたり，製品を高く評価されたりすることの方がもっと大事です。学校によってはたくさんの製品を作り，販売し，収入を得ることを目的として作業学習を行っているところもあります。決してよくないとは言いませんが，製品の質の低さが気になります。販売の時に温情で買ってもらっていることもあります。子どもたちの存在価値を高めたり，社会的役割を引き上げることに力を入れるならば，こういう作業学習は改善する必要があります。子どもたちには自分たちの製品に自信と誇りをもって販売してほしいのです。そして買い手には製品のすばらしさと，こういう製品を作ることができるこの子どもたちの力を認めてほしいのです。

④ 貢献をしていることが実感できる子ども

学校の作業学習で貢献を実感できていない子どもは，当然ながら職場で貢献を実感するのは難しいですから，職場で働く意欲を示すことはありえません。作業学習でどれだけ作業ができるかではなく，貢献を実感できる体験をどれだけ積み重ねるかどうかによって，職業生活の質は違ってきます。そういう意味では，今までのように，どういう作業課題を与えればよいかを考える作業学習ではなく，どういう作業課題をどのように遂行できるようにすれば，子どもが貢献を実感できるかを考えた作業学習を行う必要があります。

少なくとも，以下の４点は重視すべきです。

・個々の能力や得意を把握した上で，真剣さを必要とする，真剣にならざるを得ない作業課題を与える。作業課題は支援を受けずに一人で遂行できることを基本とする。
・個々の目標の設定は作業の質を高めることを中心とする。必ず，目標を意識して作業をすることを位置づける。

・評価は作業の質を中心に自己評価できる仕組みを工夫する。教師の評価は子どもがした評価を評価し，その正しさを認めることにポイントを置く。
・自分がした作業の質が高いことを自分で評価でき，それが周りに認められるような作業学習をすることを指導者の目標とする。

第2章 人生の質を高める教育課程の編成

　今までの教育は，自立，社会参加，就労を目指すことを目標にした教育課程の編成が行われていました。しかし，これからは，人生の質を高める教育課程の編成が必要になります。学校卒業時点に焦点を当てる教育ではなく，学校卒業後の生活に焦点を当てた教育が行われなければなりません。学校卒業後の生活をどう質の高いものにしていくか，を考えた学校教育が求められています。その理由については，第1章でも述べた通りです。とにかく，「○○ができる。○○ができない。○○ができなければいけない。○○のスキルを高めなければならない」といった個々の能力に焦点を当てた指導や訓練よりも，「自分らしさを発揮し，社会（家庭，学校，地域，職場）に自ら適応できるようになる」といった，個々の力を自らが高め，生活に適応していく学習を中心とした教育課程をどのように編成するかがポイントになります。

　できることが多く，スキルが高いのに社会に適応できない子どもがいます。一方，できることは少なく，スキルが低いのに社会に適応できている子どもがいます。これからの教育は，後者を求めていこうとしているのです。もちろん，できることが多く，スキルが高く，社会に適応できている子どもが理想であることは言うまでもありません。しかし，できることやスキルよりも適応を優先する教育が，明らかに人生の質を高めます。なぜ適応を優先すべきか。それは，生活に適応できてこそ，できることやスキルを高めようとする意欲が生まれるからです。できることやスキルが高まることで生活に適応できるのではないのです。自分のもっている力で生活に適応できるための教育課程の編成が必要な理由がここにあります。

　この章では，長い人生が，豊かで，充実したものになるようにするために

は，どういう教育課程を編成すればよいか，どういう指導を重視する必要があるか，について述べてみたいと思います。

1 連続性・総合性・積み重ねを重視した教育課程を編成する

　特別支援教育は，学校教育12年間を通して考えなければならない教育であることを，まず理解しておく必要があります。なぜ，一つの学校に，小学部，中学部，高等部があるのでしょうか。それは，12年間教育の連続性，一貫性を重視しているからです。12年間教育の連続性，一貫性を重視しなければ，子どもたちの自立，社会参加の実現は難しいと考えるからです。しかしながら，現状はどうかというと，同じ学校であるのに，小学校，中学校，高等学校の3つの学校が1か所に同居して，それぞれが別々の教育を行っているといった印象を受ける学校もあります。これでは，たとえそれぞれの学部が熱心に教育したとしても，到底，自立，社会参加の実現は難しいと言わざるを得ません。ましてや，人生の質を高める教育など，望めるはずもありません。

　今一度，特別支援学校の教育的意味，役割とは何かをしっかりと認識する必要があります。特別支援学校は通常の学校と違って，小，中，高の一貫教育が柱です。12年間教育の積み重ねがあってこそ，自立，社会参加が実現できるという考えです。多くの学校が，このことを認識した上で教育に取り組んできました。しかし，実際は，一貫教育はなかなかに難しく，永遠の課題だとあきらめている学校もありました。ところが，キャリア教育がこの教育に取り入れられるようになって考え方が一変しました。キャリア教育の視点でこの教育を考えると，今度は自立，社会参加が目標でなく，人生の質を高めることが目標になりました。彼らの一生を考える教育が求められていることになると，一貫教育は，難しいでは済まされなくなりました。何としてでも12年間教育の連続性，一貫性を実現しなければ，この教育は成立しない，ということになったのです。

　では，具体的にどのように教育課程を編成すれば，それが実現できるでし

ょうか。次の構造図により説明します。

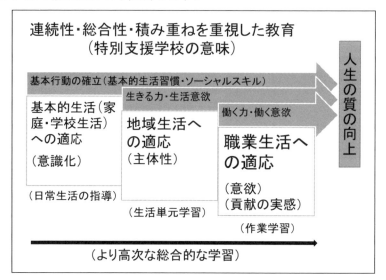

　12年間の一貫教育を実現するためには，教育の柱がなければなりません。それが「生活への適応」です。障害や能力，年齢に応じた個々にふさわしい生活に適応する教育を積み重ねていけば，卒業時点では，自ずから職業生活への適応，社会生活への適応が実現し，人生の質を高めることができるという考え方です。第1章でも述べたように生活への適応は質の高い社会参加を実現するということです。

　教育課程の3本柱（日常生活の指導，生活単元学習，作業学習）は変わりありません。3本柱の指導内容，指導方法を考え直す必要があるのです。

(1) 基本的生活への適応（日常生活の指導）

　日常生活の指導では基本的生活（家庭生活や学校生活の中で，誰もが身につけておかなければならない基本行動を中心とした生活）への適応を目指します。

　家庭生活の適応では，意識して自分のことは自分でできることと，家族の一員として役割，課題を主体的に遂行できることが目標となります。

　学校生活の適応は，意識して自分のことは自分でできることと，クラスの

集団の一員として役割，課題を主体的に遂行できることが目標となります。

　何度も述べていますが，適応とは「自分にふさわしい生活において役割，課題を主体的に遂行できること」です。適応を目指す上で最初にクリアしなければならない課題は，意識して自分のことは自分でできることです。意識して自分のことが自分でできない子どもに，役割，課題を主体的に遂行できることはありません。自分のことは自分ですることについては，家庭でも，学校でも，かなり力を入れて取り組んでいますが，実際はあまり成果が出ていないように思います。

　何が原因でしょうか。どこをどのように改善すればよいのでしょうか。

　自分のことは自分でできるのに，家庭生活や学校生活に適応できていない子どもがいます。その原因を探ってみると，自分のことは自分でできる力はもっているが，意識してできていない子どもであることがわかります。自分のことは自分でできる力をもっていることが，家庭生活や学校生活に適応できるのではありません。もっている力を意識して発揮できることが家庭生活や学校生活の適応につながるのです。自分のことは自分でできることは，行動よりも意識が重要である，と理解しておく必要があります。極端に言えば，行動ができなくても意識が育っていれば，家庭生活や学校生活に適応できます。意識化が主体性を生みます。主体性が適応を実現します。自分のことを自分でしなければならないことを意識できていなければ，主体的に自分の役割，課題を果たすことは難しい，ということです。

　日常生活の指導の改善点をまとめてみると，次のようになります。

　指導場面は家庭生活，学校生活が中心で，指導の内容は基本行動（機能する，周りに受け入れられる基本的生活習慣と基本的ソーシャルスキル）の確立です。

　指導の目標は以下の２つです。

①意識して自分のことは自分でできる

②集団の一員として，基本的生活（家庭・学校生活）で最低限必要な役割，

第２章　人生の質を高める教育課程の編成　73

課題を主体的に果たすことができる

　基本的生活への適応の指導は，小学部での指導が最も重要です。小学部で土台づくりができていないと他の生活への適応は期待できません。小学部の教育は家庭生活や学校生活を中心に適応を考えることが基本です。小学部で家庭生活や学校生活で適応できる子どもを育てることができれば，地域生活，職業生活への適応の可能性は確実に広がります。

　言うまでもなく，基本行動は，子どもたちの年齢が進むにつれて，内容も質も変わってきます。中学部になると，家庭生活や学校生活での基本行動ではなく，地域生活での基本行動の定着を図る必要があります。高等部になると，職業生活での基本行動の定着を考えなければなりません。個々の生活に応じて基本行動の質を高め，機能する力を身につける，これが，今求められている12年間の一貫性，連続性のある日常生活の指導です。

(2) 地域生活への適応（生活単元学習）

　基本的生活への適応ができると，次は地域生活への適応を目指す指導を行う必要があります。この学習がこれからの生活単元学習です。生活単元学習は最終的には地域生活への適応を目指す学習であると理解しておいてほしいと思います。地域生活への適応を目指すためには，家庭生活，学校生活への適応ができていることが前提となります。

　では，地域生活に適応するためにはどういう生活単元学習が必要でしょうか。キーワードは主体性です。これについては第1章でも述べましたが，主体的に役割，課題を果たす学習を展開し，主体的に役割，課題を果たすことができたという成功体験を積み重ねることに重点を置きます。

　生活単元学習の授業を見ていると，役割，課題を果たすことに一生懸命になって，そのための支援方法だけを考えていることがよくあります。しかし，これでは生活に適応する力を育てることはできません。生活単元学習は，生きる力を育て，生活意欲を高める学習ですから，役割，課題を果たすための，できる行動が重要なのではありません。役割，課題を果たそうとする主体性

がポイントとなります。役割，課題を果たすための支援を行うのではなく，役割，課題をどうすれば主体的に果たすことができるのかに焦点を当てた支援方法を考えるのです。

　生活単元学習は，役割，課題を主体的に果たすことが中心ですが，生活単元学習で学習している生活での基本行動の確立の指導も，合わせて行う必要があります。

　生活単元学習の改善点をまとめると次のようになります。

> 　生活単元学習は地域生活への適応を実現するための学習です。具体的には，主体的な学び（思考や判断，見通しを伴う学び）を通して役割，課題を適切に遂行していくことを目指します。
>
> 　子どもに適した生活の中で，役割，課題を主体的に果たす成功体験を積み重ねることが何よりも重要です。役割，課題は，子どもができることにポイントを置くのではなく，子どもが主体的に果たせるかどうかにポイントを置きます。課題や役割は地域社会への適応（般化）を意識して設定します。生活単元学習は地域で通用する般化までの学習計画を立てます。
>
> 　般化を目標とした生活単元学習を設定し，評価は般化できたかどうかで行います。

(3) 職業生活への適応（作業学習）

　基本的生活への適応，地域生活への適応ができると，最後は職業生活への適応の学習です。この学習がこれからの作業学習になります。作業学習は作業ができる，仕事ができるなどスキルの向上に目を向けることが多いですが，スキルが高いだけでは職業生活には適応できません。現に，木工作業では何でもよくできると高く評価されていた子どもが，食品会社に職場実習に行くと，「仕事は何とかこなすことができるが，働く意欲が感じられない。時計を見ながら作業をしたのでは周りの雰囲気も悪くなる。現時点では職場で働くのは難しい」と厳しい指摘を受けました。職業生活への適応とは，職場で

第2章　人生の質を高める教育課程の編成　75

主体的に役割，課題を果たすことができ，職業生活の質が向上している状態を言います。具体的には，仕事面で貢献できていることと，人間関係が良好である必要があります。質の高い仕事ができ，職場で貢献していることを実感できれば，自ずから働く意欲は出てきます。また，働く意欲があれば，当然ながら，職場での人間関係もよくなります。働く意欲がいかに大切であるかは，自分たちの職業生活を考えれば，容易に理解できるはずです。

　仕事にやりがいを感じ，周りの人ともかかわりながら，日々充実している職業生活を送ることができれば，人生の質は向上していくことは明らかです。こうした生活を実現するために作業学習が取り入れられている，と考えるべきです。

　作業学習の改善点をまとめると次のようになります。

　作業学習は職業生活への適応を目指す学習です。作業ができればよいのではありません。質の高い作業が自らできるようになることが目標です。

　質の高い作業が自らできるようになると，貢献が実感できるようになり，働く意欲が出てきます。働く意欲が出るとさらに作業の質を上げようと努力するようになります。その努力に伴い，スキルが向上したとき，職場で機能するスキルとなるのです。スキルの向上は働く意欲が自然に求めるものです。そうであってこそ職場で通用する力となります。

　作業学習の指導は作業ができることだけに一生懸命になることが多いですが，それだけでは職業生活には適応できません。キーワードは貢献の実感と人間関係の向上です。これらは，いずれも質の高い作業が自らできるようになることで達成できます。質の高い作業が自らできる学習を計画することが，これからの作業学習です。

2 人生の質を高めることを目指す教育課程を編成する

では，具体的に人生の質を高めるためにどのような教育課程を編成し実践をすればよいか，教育課程の3本柱（日常生活の指導，生活単元学習，作業学習）を中心に述べてみたいと思います。

下図に示すように，人生の質を高めるためには，人間としての成長が重要です。人間としての成長が生活の幅を広げ，人生を豊かにしていきます。これからは，この図を参考に12年間の教育課程を編成する必要があります。

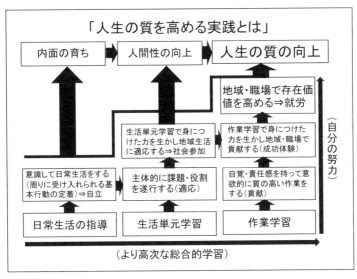

日常生活の指導では，何となく1日の生活，1週間の生活を送るのではなく，意識して，目的をもって送ることができるようにするのがポイントです。周りに受け入れられる基本行動の定着を目指します。日常生活の指導を通して，基本的生活習慣の確立を目指すというよりも，日常生活に対する意識レベルを高めていく指導をするのです。人間として生きていくために最低限必要な内面の育ちを，この日常生活の指導でしっかりと育てるのです。もっとわかりやすく言えば，日常生活の自立を実現する，と考えればよいと思います。日常生活の自立を目指す指導を行えば内面の育ちは自ずから実現する，

これがこれからの日常生活の指導です。

　生活単元学習は日常生活の指導で身についた内面の育ちを生活の中で生かす，すなわち，人間性の向上を目指す指導を行わなければなりません。ここでいう人間性の向上とは，「集団生活の中で主体的に役割，課題を遂行するために努力している状態」，「集団生活の中で目標の達成に向けて努力している状態」と考えてほしいと思います。これが，この子どもたちの生活単元学習で求めなければならない人間性の育ちを伴う適応です。

　生活単元学習はさまざまな生活場面での学習になりますから，それらの生活に適応できているとなると，当然ながら，人間性も向上しているということになります。生活単元学習は子どもが役割，課題を遂行しているかどうかよりも，人間性がどれだけ育っているかを評価する必要があります。

　作業学習は日常生活の指導や生活単元学習の学習内容を含む，より高次な総合的な学習であることを，まず認識しておく必要があります。働くことだけを考えた学習ではなく，人生の質を高めるための学習となります。

　では，どういう作業学習をすれば人生の質を高めることになるのでしょうか。キーワードは貢献です。貢献の実感を積み重ねることが重要です。子どもがどういう作業ならできるかを考えるのではなく，子どもが貢献を実感できるためにはどういう作業を行えばよいか，を考えるのです。貢献を実感するためには，子どもにできるか，できないかで作業課題を設定するのではなく，質の高い作業ができるようにするためには，どのような作業課題を設定する必要があるかを考えなければなりません。さらに言えば，自ら作業の質を高めていくことのできるような作業課題を設定すべきです。教材，教具や構造化を考えるときでも，作業ができるためのものではなく，質の高い作業ができるための教材，教具や構造化を考えます。支援も，できるための支援ではなく，質を上げるための支援をします。

　作業学習は，学校で貢献できる力を目指しているのではありません。作業学習で身につけた力を生かし，地域や職場で貢献できるようにすることがねらいです。地域や職場で貢献を実感することで，さらに自分の存在価値を高

めていくことが重要です。そういう意味では，現場実習の在り方も，これからは考え直す必要があります。現場実習は職場で働くことを体験する学習ではありません。職場で貢献を実感し，職場で働くことの意味を知り，職場で働きたいという意欲を高める学習と捉えるべきです。そうであるならば，指導者は，子どもが貢献できる職場を見つけ出し，現場実習に出すことが求められます。現場実習は，とりあえず職場に行って働く体験をすればよいという体験学習ではありません。キャリア発達を促進するための学習であることをしっかりと理解して取り組む必要があります。

こうした現場実習を体験すると，職場から「大変いい仕事をしてくれた。来てもらってありがたかった」と言われます。このように自分で自分の存在感を高める体験をした子どもが就職すると，人生の質を高める職業生活ができるようになるのです。

3 キャリア発達の促進を目指す教育課程を編成する

キャリア教育を進める上で，キャリア発達の促進は欠かすことができない重要な指導となります。教育課程の中にも位置づけられている学校もたくさんあります。しかしながら，学校現場では，キャリア発達とは具体的にどういうことなのか，どういう指導を行えばよいかがわからない，という声も聞きます。まず，このことについての説明をしたいと思います。

次頁の図に，キャリア発達の促進のための教育の考え方，目指す方向性を示しています。

キャリア発達とは「社会の中で自分の役割を果たしながら，自分らしい生き方を実現していく過程」を言います。この教育に，わかりやすく当てはめて言えば，キャリア発達の促進とは「質の高い社会参加を実現する」，ということになります。この教育が目指している目標そのものであることがわかります。目標が同じであれば，何も指導しなくてもよいかというと，そうではありません。質の高い社会参加を実現することを確かなものにするために，

第2章　人生の質を高める教育課程の編成　79

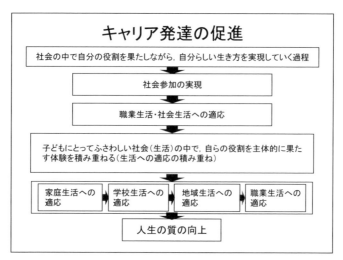

その実現に至る指導過程に焦点を当てて、指導内容や指導方法を見直す必要があります。

　では、どのような指導過程を経れば質の高い社会参加が実現できるのでしょうか。社会参加とは社会生活に適応することです。社会生活に適応するためには、職業生活に適応する必要があります。職業生活に適応するためには地域生活に適応する必要があります。そして、地域生活に適応するためには、学校生活に適応する必要があります。さらに学校生活に適応するためには家庭生活に適応する必要があります。子どもにとってふさわしい社会（家庭生活、学校生活、地域生活、職業生活）の中で、適応（周りの人にかかわりながら、自らの役割を主体的に果たす体験）することの段階的な積み重ねが社会参加を実現し、その適応状態によって、人生の質が変わってくると言えます。

　キャリア発達の促進とは、個々の生活と適応の幅を広げていきながら、存在感を示していく過程を言うと考えることができます。なぜ適応が重要かというと、適応ができていなければ、存在感を示すことができないからです。それぞれの生活の中で存在感を示し、最終的には、社会生活の中で存在感を示すようにすることが、人生の質の向上につながると考えることができます。

こうした過程を積み重ねていくことがキャリア発達の促進です。

　キャリア発達の促進を目指す教育課程を編成するとは，子どもたちが直面する，発達段階に応じた生活に適応する力を確実に身につけ，積み重ねていくことのできる教育課程を編成するということです。生活に適応するための12年間教育の指導内容，指導方法を明確にすることが求められていると理解してほしいと思います。

4　授業の見直し

　教育課程が編成されても，授業の質が変わらなければ教育の成果は出ません。次は，人生の質の向上に向けて，授業は何を，どのように見直さなければならないかについて述べてみます。

　学校教育12年間の授業のあり方を下図にまとめています。授業のキーワードは，発達，自立，適応，貢献の４つです。この４つは図に示すようにピラミッド型になっています。その意味は，発達を促進する授業を行うことが授業の基盤であり，子どもが発達していない状態での自立はあり得ないし，自立ができなければ適応は難しいし，適応なくして貢献はあり得ないことを表しています。

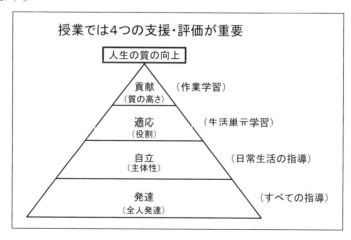

発達⇒自立⇒適応⇒貢献の授業過程を積み重ねていくことが，人生の質の向上につながるという考え方です。

今までの授業の考え方を変えてほしいのは，人間として生きる上で欠かすことのできない人間性の向上をしっかり育てながら，質の高い上位の生活適応を目指す授業を行うということです。今までの授業は，どちらかと言えば，個々の能力や障害に応じた課題をどうクリアするかに終始することが多かったと思います。しかしながら，課題はクリアし，できるようになっても，それに比して人間性の育ちが伴っていなかったために，学校卒業後の働く生活に適応できない子どもが多くいました。学校教育で目指さなければいけない授業は，就職を実現するための授業ではなく，学校卒業後の働く生活の質を上げる授業です。就職ができても働く生活の質が低いのであれば，人生の質は向上できません。これでは授業をすることの意味がありませんし，今まで行ってきた授業は何だったのかということになります。これからの教育で行わなければならない授業は学校卒業後の人生の質に焦点を当てることです。そのためには，この図で示すように土台を積み重ねていく授業過程を重視する必要があります。

では，具体的にどういう授業を積み重ねればよいでしょうか。

まず第1にしなければならないことは，人として生きる上で最低限身につけておかなければならない人間性を育てることを土台に置くことです。全人発達を目指す指導をすべての学習において考えることです。何ができるかできないか，また，どういうスキルを身につけているかいないかよりも，人として生きていくための機能する力がどれだけ備わっているかに視点を当てるのです。

子どもが生活に適応できない原因を調べてみると，間違いなく，年齢に応じた人としての育ちが確立できていないことがわかります。周りの人に認められない，受け入れられない行動が多いのです。生活に適応できにくい子どもがいるならば，人間性に視点を当てた指導に切り替えて，学習計画を練り直す必要があります。この人間性の発達は，生活に適応するための基本資質

として，学校教育12年間を通して，指導者が意識して積み上げていかなければならない，大変重要な指導であると認識しておいてほしいと思います。学校卒業時に，「この子はできないことも多いし，スキルも身についていないこともあるけれども，人としては職場や社会で十分通用する力は身についている」と言える子どもを育ててほしいのです。

人として生きるという土台が育っていない子どもに，どんなに熱心に指導を試みても適応の質を上げることはできません。

では，発達，自立，適応，貢献を実現するためには，具体的にどのような指導が必要か述べてみたいと思います。この4つはいずれも子どもの資質によって達成度が変わるのではありません。指導者の支援，対応の仕方によって，すべての子どもに等しく可能性のある内容であることを理解しておいてほしいと思います。子どもの実態が重要なのではなく，指導者の支援の内容と姿勢が重要なのです。

(1) 授業と発達

授業は何のために行うのか。言うまでもなく子どもの発達を促進するためです。筆者は，1時間の授業で子どもが発達する授業を行うのが授業だと考えています。子どもたちは年間，約1000時間の授業を受けます。もし，1時間の授業で子どもが発達する授業を行ったとするならば，1年後はかなりの発達が確認できるはずです。しかし実際はそうではなく，保護者から「この1年間で我が子は発達しているように思えません。退行した気がする」と聞かされることがあります。保護者の言う通りだ，と言うつもりはありません。なぜなら，保護者は「できるようになっていることがない。今までできていたことができなくなっている」など，できることだけに焦点を当てて子どもを見ているからです。先にも述べましたが，発達とはできないことができるようになることではなく，内面の変化を言います。実際は発達しているが，できることだけに目が向き，内面の変化がとらえられていないと理解すべきです。

しかし，これは保護者に問題があるかというと，そうではありません。教

第2章　人生の質を高める教育課程の編成　83

師自身が発達の意味をしっかりとらえて授業が行われていたか，が問題なのです。教師が1時間の授業で常に，発達を意識して本時の目標を設定し，確実に発達を促進する授業を行い，それを記録することができていれば，各学期末の個人懇談では自信をもって発達の姿を具体的に保護者に説明できるはずです。そうすれば，保護者も子どもが発達していることを確信し，家庭でも頑張ろうとする気持ちが芽生えるのではないでしょうか。

　とにかく，子どもの発達を意識しない，子どもの発達を促進しない授業は授業とは言えない，と理解しておくべきです。授業は，ただすればよいのではありません。発達する授業をするのです。障害が重度だからといったことは言い訳にはなりません。子どもが1時間の授業で，発達しないとしたならば，それは子どもの問題ではなく，教師の指導内容と指導方法に問題があると，自分自身の指導を評価して改善に取り組むべきです。

(2) 日常生活の自立

　発達の基礎づくりや生活に適応するための土台を作るのが日常生活の指導です。自立は日常生活が意識して自らできる力（自立の力）を身につけることを目指します。自立とは行動の変化を言うのではなく，内面の変化を言います。もちろん内面の変化を伴う行動の変化が最終的に目指す自立です。内面の変化を強調するのは，行動の変化だけでは内面の変化をカバーできませんが，内面の変化は行動の変化をカバーできる可能性があるからです。その証拠に，行動はできないが内面が育っているため日常生活で不自由しない子どもがいます。行動はできないが，行動をしなければいけないという意識が高いために，支援を受けながらでも行動しようとします。こうした意識の高い行動が次第にスキルを高め，自ら行動ができるようになるのです。このような過程を大切にした行動の変化を育てるのが日常生活の自立ということになります。自立は自らの力でできる力を身につけていって初めて実現できます。内面の育ち，意識の高さがその前提となります。

　とにかく，日常生活の指導は自立を実現する（内面が育つ）指導を行うことがポイントです。その子に合った生活場面での自立でいいのです。小学部

の子どもであれば，少なくとも家庭や学校生活での日常生活の自立は実現しておきたいです。中学部であれば，地域生活，高等部では職業生活での日常生活の自立を実現します。

(3) 生活への適応

日常生活の自立ができたら次は生活への適応の学習です。これが生活単元学習です。生活への適応は，日常生活の自立（基本行動の確立）が前提条件となります。適応とは主体的に役割，課題を果たしている状態ですから，意識して，自分のことが自分でできなければ（自分のことは自分でしようとする意識がなければ）生活に適応できるようにはならないことは言うまでもありません。日常生活の自立ができていない子どもに，生活単元学習で一生懸命，課題や役割を遂行することを求めていることがありますが，仮に，課題や役割が遂行できたとしても，主体的に果たすことにはならないはずです。課題や役割を果たすために常に指示や支援が必要な子どもは，日常生活の自立ができていない子どもであると言ってもよいと思います。日常生活の自立ができていないと，課題や役割が遂行できても，それはその学習場面だけで，他の場面では通用しません。生活の幅が広がることはないし，質もほとんど変わらないと理解しておいた方がよいと思います。やはり，人間が生きていく上で必要な土台（日常生活の自立）をしっかり身につけた上で，適応の質を一つ一つ積み上げていくことが重要な指導になります。

今の子どもを一段上の子どもに引き上げるための支援をする，これが教育です。土台のない子どもに，さまざまな力をつけ，一段引き上げようとしても，子どもにその力を受け止める資質が備わっていなければ，発達，成長につながらないことは言うまでもないことです。

(4) 職業生活への貢献

生活単元学習で身につけた生活への適応が，作業学習では大変重要となります。作業学習のキーワードは何度も述べているように貢献です。貢献を実感する体験を積み重ね，進んで貢献する作業ができるようにするのです。職業生活は自分が貢献できていると実感できなければ質は向上しません。

第2章　人生の質を高める教育課程の編成　85

貢献とは何か。何度も述べましたが，一人で進んで質の高い作業ができることです。作業学習では，一人一人の能力や障害に合わせて，質の高い作業ができる学習設定をすることが求められます。いくらできる作業であっても，子どもがその質を上げることができない作業なら，作業課題を検討する必要があります。子どもが貢献を実感するためには，子どもが自ら質を上げることのできる工夫が必要です。子どもの能力から言ってとてもできない作業課題であるのに，指導者が工夫して教材を作り，子どもが努力さえすれば質の高い製品ができるようにしたところ，見事な作業ができるようになり，それを周りの人に高く評価されたため，一気に働く意欲を高め，自ら難しい課題に挑戦しようとした子どもがいます。こうした工夫が必要なのです。ただできるようにする工夫をすればよいのではありません。必ず本人が努力をして質を上げることができる作業課題を設定した上での工夫が必要です。教材が行き届きすぎて，別に努力をしなくても質の高い作業ができるようにしているケースもありますが，これでは貢献を実感することはできません。

　職場では作業量を要求されるため，作業量も重視すべきだという人もいますが，筆者はそうは思いません。作業量で貢献を実感することは，彼らの特性から言って難しいことだからです。学校の作業学習は教育の場ですから，職場の要求に合わせ，職場に適応させるためだけを考えて指導すればよいのではありません。子ども自身が自分の力を高める学習の場にする必要があります。職場に就職させるための授業でなく，自ら職場に就職できる力を身につける授業が必要です。作業量が決して必要ないと言っているのではありません。作業の質が高まれば，自ずから作業量は向上していくことを知っておいてほしいのです。作業の質を上げる学習を通して，働くことの重要性を理解すれば，作業量は言わなくても上げようと努力するはずです。これが求めなければならない働く力です。現に，そういう事例がたくさんあることを知っておいてほしいと思います。

　貢献できる力が身についてくると，自分の生活にも自信が生まれ，自ら人生の質を高めていくことができるようになる，というのが筆者の考えです。

是非，日常生活の指導は自立，生活単元学習は適応，作業学習は貢献をキーワードに，もう一度，指導内容，指導方法を見直してほしいと思います。

(5) 人生の質の向上

人生の質の向上を目指すために，具体的に何が必要か，をまとめると下図のようになります。

とにかく，3つの行動（意識的行動，主体的行動，意欲的行動）を子ども一人一人の実態に応じて身につけることを教育目標に位置づけ，指導計画を立ててほしいと思います。この3つの行動が身につけば自立，適応，貢献はクリアできますし，生活への適応が実現します。

では，生活への適応を実現するためには，具体的にどういう生活を重視していけばよいのでしょう。筆者は図に示す5点が重要であると考えています。どの生活場面においても，どんな学習でも，この5点は常に意識して生活づくりを行う必要があります。この5点が，当たり前の生活であるということを子どもが認知できる学習を行ってほしいと思います。この5点の生活が実現できて初めて人生の質を高める生活が可能になるのです。

```
┌─────────────────────────────────┐
│ 意識的行動・主体的行動・意欲的行動    │
│ を積み重ねる                       │
└─────────────────────────────────┘
              ▼
┌─────────────────────────────────┐
│ 生  │ ●自分のことは自分でする生活  │
│ 活  │ ●役割・課題を果たす生活      │
│ 適  │ ●目的的な生活               │
│ 応  │ ●見通しの持てる生活          │
│     │ ●目標に向けて努力する生活    │
└─────────────────────────────────┘
              ▼
┌─────────────────────────────────┐
│         人生の質の向上            │
│ （職業生活の質，社会生活の質の向上）│
└─────────────────────────────────┘
```

5 授業改善のポイント

　では，人生の質を高めるためには，これからはどういう授業が求められるか，その改善のポイントをまとめてみたいと思います。

(1) 「できる・わかる・見通しのもてる」授業

　「できる・わかる・見通しのもてる」授業は昔から重要視されてきました。しかし，実際の授業を見ると，人生の質を高める授業になっていないと感じることも少なくありません。その理由は，どういう「できる・わかる・見通しのもてる」授業をすれば人生の質が高まる授業になるかの具体的な指導内容，指導方法が明確になっていないからです。

　「できる・わかる・見通しのもてる」授業とはどういう授業か，具体的に説明します。

　できるとは，できることができることを意味しているのではありません。できることが普通にできても発達はしません。できることがよりできるようになっている場合は別です。できることをさせる場合はよりできるようにする工夫が必要です。できないことができる場合も，ただできるだけでは発達しません。自らできることがポイントになります。子どもの発達段階よりも少し上の課題が自らできるとき子どもは最も発達します。したがって子どもに課題を設定するときは，能力や発達段階相応の課題ではなく，能力や発達段階よりも少し上の課題を設定し，自らできるように教材を工夫したり，支援を考えることが重要です。

　できるとは，できることがよりできるようになることや，できないことが自らできるなどの成功体験が基本です。

　わかるとは，課題の内容や意味がわかっているかどうかの問題ではなく，主体性や意欲を引き出すわかる課題が設定されているかが重要です。あくまで主体性や意欲を引き出すことを考えたわかるを目標に置くべきです。また，わかるは，自分の課題だけの部分がわかるのではなく，自分の課題がどのような意味をもつのかの全体がわかることがポイントです。実際の授業を見て

いると，子どもの課題だけがわかればよいと考えているのか，部分に焦点が当たっていることが多く，全体のわかるはほとんど検討されていない指導が目立ちます。全体のわかるに焦点を当てないと，次の課題である見通しへと発展しないことを理解しておくべきです。

　見通しがもてるとは，始まりがわかるのではなくて，終わりがわかることです。始まりの見通しではなくて，終わりの見通しが重要です。終わりが見通せれば，意欲が出てきますし，学習の持続ができます。授業を見ていると，導入では，始まりの説明だけをしていますが，これは片手落ちです。ゴールをしっかりと説明すべきです。一人一人の子どもたちが，それぞれゴールを目指して学習をする，そういう授業をしてほしいのです。少なくとも，1時間の授業の中で，子どもが「先生，終わりました。次何しますか」などと言わなくてもよいようにすべきです。判断すべきところは自分で判断し，ゴールを目指して努力を続ける学習過程であってこそ生きる授業となります。これが，教師が目指さなければならない授業です。

(2) 学習活動がフルに確保されている授業

　授業は，子どもたち全員に学習の機会が均等に与えられていることが基本です。よくできる子どもを中心に学習活動を展開すれば，それについていけない子どもたちはお客さんになる可能性があります。逆に障害の重い子どもに焦点を当てれば，障害の軽い子どもたちは意欲が出ません。

　ある学校で，中学部2年生（7名）の生活単元学習の授業を見ました。宿泊学習の日程について考える授業でした。内容は，単に先生の質問に答えるというものでした。先生の質問に答えるのは能力の高い一人の子どもで，先生と子ども一人でのやり取りが中心でした。先生の質問に手を挙げた子どもは他に2人いましたが，当てられることはありませんでした。この2人の子どもが，先生と当てられた子どもとのやり取りを聞いているなら，学習に参加していることになるのですが，そうではなく，よそ見をしたり自分勝手な行動をしていました。また，質問の意味がわからなかった子どもが4人いましたが，この子どもたちは，手遊びしたり，奇声を発したり落ち着かない様

第2章　人生の質を高める教育課程の編成　89

子でした。結局40分間の授業で学習に参加したのは，筆者の見る限りでは，先生に当てられた子ども一人だけでした。その子も，実際は先生の説明が多く，自ら参加できた時間はごくわずかでした。先生はみんな学習に参加していると思ったかもしれませんが，個々に目を向ければ全くそうでないことがわかります。先生の説明も質問も理解できなかった子どもは，じっと座っているだけの，まさに我慢の時間でした。そんなことに耐えられる子どもはそうはいませんから，自傷を始めたり，外に出ようとしたりで，補助の先生も大変でした。

　はたして，これが授業と言えるでしょうか。授業は，教師が何をしたかが重要なのではなく，子どもがどんな活動をしたかが重要であることは言うまでもありません。しかも子どもの活動は，個々が発達する活動でなければなりません。1時間の授業で，それぞれの子どもが発達するためには，前述の生活単元学習で言えば，7名の子どもの学習機会が与えられていることが基本になります。話し合い活動で，先生の話を聞くことも学習ですが，学習に参加するとは，子どもたちが，それを聞いて理解することが必要です。理解できていない子どもがいるとすれば，それは，学習の機会が与えられていないということになります。先生が説明をするのであれば，どういう工夫をすれば，すべての子どもに理解できるのかをしっかりと考えることが必要です。授業は，教師が主体ではありません。子ども主体であって初めて授業が成立することを理解しておくべきです。

(3) させられるのではなく，自らやる授業

　通常の子どもは，させられる授業でも，生きる力を身につけるようになることはありますが，この子どもたちは，させられる活動をいくら続けても，生きる力につながらないと理解しておくべきです。生きる力とは主体的な生活ができるということです。主体的な生活ができるようになるためには，させられるのではなく，自らやる体験を積み重ねる必要があります。「与えられたことを主体的にやる子どもがいる。させることも必要ではないか」という人もいます。その通りですが，ただ勘違いしてはならないのは，この子は，

90

させられる活動を続けてきたから主体的にやれるようになったのではなく，もうすでに自らする力を身につけていたからこそ，与えられたことを主体的にできた，と考えられます。自らするという基本の活動が身についていたということです。こういう子どもであれば，させられる活動であっても，主体性が身についていますから生きる力につながる活動ができるのです。

　授業では，とにかく，自らする学習を設定する必要があります。そして，自らする活動が当たり前の活動として定着させることが，まず，指導者としてやらなければいけないことです。実は，この子どもたちは，与えられ，指示されればやればよい，ということが当たり前に定着しているように思います。こうした子どもを見て，素直で，言われたことがよくできると評価されていることもあります。しかし，これは学校でのことで，地域や職場，社会に出るとまったく通用しないのです。

　地域生活も職業生活も社会生活も自らすることが当たり前に身についていないと生活は成り立たないのです。生活が成立するための授業とは自らする活動が積み重ねられている授業です。

(4) 生活の質，集団の質を高めることを意識した授業

　これは，授業を計画するときにかなり重視すべきです。授業を計画するとき，先生方が第一に考えるのは，どうすればこの課題ができるか，どうすればスキルアップを図れるか，どうすれば活動できるのか，どうすれば持続して取り組めるのか，など1時間の授業での子どもの活動です。これだけでは発達を促す授業にはなりません。言うまでもなく，授業は，人としての育ちをどう高めていくかにあります。1時間の授業を，子どもたちがどのように活動するかだけが重要なのではなく，活動したことが，子どもたちの生活にどう反映するかに注目する必要があります。目先の活動に目を向けた学習計画でなく，生活の質，集団の質を高めるための活動が必要です。具体的に言うと，生活の質や集団の質を高めるためには，自らが課題に挑戦することや，できることやスキルが実際の生活に生かせられるようになることが必要になります。こうした学習計画が人生の質の向上につながる授業になります。個

第2章　人生の質を高める教育課程の編成　91

人個人が与えられて課題や役割を果たせばよいのではありません。

　是非，今日行った授業は，生活の質，集団の質を高めることにつながったかどうかを評価して，次時の学習計画を立てたり，見直したりしてほしいと思います。

(5) 役割，課題を主体的に果たす授業

　生活単元学習などの授業を見ていると，なんとなく活動して，なんとなく終わる，一体この授業は何を目的とした授業だったのか，と疑問に思うことがよくあります。授業は個々の発達を促進することを目的として行われるものですから，当然ながら，役割，課題を主体的に果たす学習でなければなりません。「この子は障害が重くて，役割，課題を果たすのが難しい」などという人がいますが，これは，「この子は生活するのが難しい」「この子は人として生きるのが難しい」と言っていることと同じです。人として生きることに視点を当てて授業を考えると，この子には，どういう役割，課題を設定すれば主体的に果たせるかを真剣に検討するはずです。どんなに障害が重くても，生活している以上は役割，課題を果たすのは当たり前の生き方であり，それを主体的に果たすことができて，初めて生活の質が高まるというものです。役割，課題が主体的に果たせないのであれば，それは，子どもの障害のせいではなく，指導者が子どもに合った生活の設定がされていないと考え，学習の計画を見直す必要があります。

　生活する上で，役割，課題を主体的に果たすことは当たり前で，重要なことであることが子どもに認知できる授業を展開してほしいと思います。

(6) 子どもが思考，判断，工夫ができる授業

　子どもができる授業をする，これは先生方の間でよく確認されることですが，はたして，子どもができるとはどういうことを言うのでしょうか。今まで何度も経験済みであるし，間違いなくできると考え，課題や役割を設定している授業を見ますが，思考も判断も工夫もしなくても当たり前にできる課題や役割を果たす学習をいくら繰り返しても，子どもは発達しませんし，内面の変化も期待できません。学習は，子どもにとって課題があり，それを自

分の力で解決してこそ発達につながります。

　では，どんな課題がよいのでしょうか。子どもの能力から言って，できない課題を設定するのがいいかというと，必ずしもそうとは言えません。課題が難しすぎて解決できないのであれば学習の意味がありません。しかし，難しい課題でも，教材や教具を用いて，子どもが自分で課題を解決できるようにしている場合はどうでしょうか。これは，効果的かもしれませんが，全面的に賛成できる学習とは言えません。なぜなら，難しい課題なのに環境設定によって難なくクリアできるようにしている場合は，子どもにできる課題を与えているのと大差ないからです。課題はできるかできないかやスキルをもっているかいないかで検討するのではなく，内面に働きかける要素があるかどうかで検討する必要があります。課題そのものが重要なのではなく，内面を働かさなければいけない課題であるかどうかがポイントです。

　子どもの能力で当たり前にできることでも，そこに思考しなければならない課題や，判断しなければならない課題，工夫を要する課題などを設定する必要があります。授業では課題をクリアするための学習ではなく，思考や判断や工夫を要する学習課題をクリアすることが必要なのです。評価は，課題をクリアしたかよりも，課題をクリアするために，内面がどれだけ働いたかに視点を当てなければなりません。

(7) 教師のかかわりが少ない授業

　授業を見ていていつも思うことですが，先生の子どもへのかかわりが多すぎることが気になります。先生は，この授業で，一人一人の子どもに，何ををねらい，何を達成しようとしているのか，まったく見えないことがよくあります。授業で教師のかかわりが多いということは，子どもの主体的な活動は少ないということでもあります。子どもの主体的な活動が多いほど，子どもの発達が促進されることは先にも述べました。教師は子どもにかかわることが子どもへの思いやりであり，配慮だと思っているかもしれませんが，むしろ，こういう指導で子どもを退行させていることも少なくないのです。

　特に，参観授業になると，先生は子どもを何とか活動させなければならな

いという思いが強くなり，一生懸命，指示や声がけや身体的支援をして活動させようとします。活動させたいという気持ちはわからなくもないですが，実際に子どもの立場に立つと，やらされ感しかなく，先生が一生懸命になればなるほど，普段は見られない勝手な行動を取ろうとします。こうなると，先生はさらにかかわりを強めようとします。ここまでくると，子どもが発達する授業というよりは，何とか授業をまとめようとする，教師のための授業になってしまいます。こうならないためにも，授業を計画するときは，どうすれば教師がかかわらなくても子どもが主体的に活動できるかを考える必要があります。これが特別支援教育の教師の指導の専門性の一つです。

　教師が指示や支援をしなくても子どもが主体的に考えて活動する授業であってこそ，子どもの発達が促進されると理解しておくべきです。

(8) 子どもが自己評価できる授業

　一般的な授業の流れは，導入で教師が授業内容や学習課題について説明をした後，課題の遂行に入り，最後の振り返りでは，教師がそれぞれの子どもの課題の遂行について評価し，終わるというパターンが多いですが，これからはこのスタイルを改める必要があります。導入は教師が説明するのではなく，自分で学習課題を確認するようにします。課題の遂行は，子どもが自己評価をしながら，成功体験をするようにします。振り返りは，単なる反省ではなく，子どもに学習過程を自己評価をさせ，教師は，その自己評価が正しいかを評価し，子どもの自己評価の質を上げるようにします。

　これからの授業のキーワードは自己評価です。自己評価は質の高い学習活動を進める上で大変重要です。自己評価ができなければ，学習活動の質は変わってきません。自己評価ができなければ，一つ一つ教師に確認しなければならなくなります。学習活動がそのたびに中断し，見通しをもって学習活動を続けることができなくなります。学習というのは，自分から取り組み，自分でその取り組みを評価し，結果に結びつけるという体験を通して，その質を上げていくものです。そういう学習ができるように教材や教具を工夫するのが教師の役割になります。人が生活する上で自己評価は欠かせません。自

己評価ができない人は機能する主体的な生活をするのは難しいと言えます。

　今まで行ってきた授業の教師の評価で，子どもが自分の活動を反省して，次の学習に生かすことがあったでしょうか。学習の一連の流れで，なんとなく評価をしていることはないでしょうか。いいことも，よくないことも自分で判断したり，評価できなければ，内面に残りません（意識化がされません）から，なかなか次の学習に生かすことは難しいのです。

　自己評価できる力を身につけることが主体的な生活を実現し，生活の質を上げると理解しておいてほしいと思います。

6 支援・対応の改善

　前述した授業改善を実効あるものにするためには，実際の授業でどのような支援や対応が必要になるのでしょうか，まとめてみたいと思います。指導者の支援，対応によって，子どもたちの人生の質は間違いなく変わってくることを理解してほしいと思います。

(1) 子どもが気づき行動し始める支援

　言うまでもなく，支援が求めるのは自立的支援（自分のもてる力を100％発揮し，他からの支援を最小にした状態を維持する支援）です。具体的に言えば，主体的行動を引き出す支援ということになります。ここでいう主体的行動は行動を思考できる主体的行動です。次の行動を考えた主体的行動です。実際に，授業で先生方が行っている支援はこうした支援ではないように思うのですがどうでしょうか。できないから手伝ってやる，間違っていたら指示をする，活動が止まっていたら声をかける，など子ども側に立った，子どもに寄り添った対応というよりは，教師側に立った，教師の一方的な思い込みによる対応がほとんどです。残念ながら内面に働きかける支援はなかなか見ることができません。子ども側に立つということは，行動へ働きかけることではありません。子どもの意図，意思の内面を理解した働きかけのことです。主体的行動は子どもの内面の動き（意志の働き）が行動に現われることです

第2章　人生の質を高める教育課程の編成　95

から，内面を伴わない主体的行動は，はっきり言ってあり得ないのです。内面を伴う主体的行動をどのように引き出すかが支援のポイントになります。

子ども自身が考えて，気づいて，自ら行動するためにはどういう支援が必要かを，個々の実態に応じて見出してほしいのです。日々の授業で，こうした体験を積み重ねていないから，指示をしないと行動できないのです。生活で機能する行動が育たないのです。

行動するための，行動に視点を当てた支援が重要なのではなく，子ども自身が考えて，気づいて，自ら行動するための支援が重要です。

(2) ねらい，目的を明確にして行う支援

授業では支援の在り方が重要であり，指導者が支援の質を高めていくことが子どもの成長，発達を促進する，ということは誰もが理解できています。しかし，支援の質を高める方策については，あまり検討されていないのが現状です。はっきり言って，支援の質を高めるような授業ができていません。授業研究会では，支援の在り方を話し合っていることもありますが，その内容は，よかった，よくなかったなど，抽象的であいまいな評価が多く，支援のねらいや目的に合わせた対応はどうであったかなどの肝心な評価は，ほとんどされていません。逆に言えば，授業では，支援のねらいや目的が明確にされないままに支援が行われている，ということになります。子どもの成長，発達に欠かせない大事な支援がこういう状態であれば，授業の質は低いと言わざるを得ません。

授業を計画するときは，指導内容，指導方法を検討するだけでなく，どういう場面で，どのような支援をするか，そして，それはなぜ行うのか，さらには，できればその支援が子どもの成長，発達にどう影響するのかを明確にして，授業を行ってほしいと思います。そうすれば，当初に計画した支援が適切であったかが評価できますし，支援の質を高めるきっかけにもなります。指導者が自身の授業の質を高めようとすれば，こうした授業の計画は欠かせません。

授業をするときは，是非，一人一人の子どもに対する支援のねらい・目的，

そして，ねらい・目的に合わせた実際の支援を示した支援案を作って授業に臨んでほしいと思います。こうした授業をすれば，自分で自分の授業の質や支援の質を高めることができます。教師の専門性も高められます。

(3) 成功体験を実感する支援

支援はその場，その場での思いつきで行うものではありません。先に示したようにねらいや目的があって行うものです。本当は，役割，課題を一人で主体的に遂行してほしいが，なかなかできにくいために支援をするということもあるでしょう。その際に，支援はどうすることが効果的かを考える必要があります。できにくいから支援をするのと，役割，課題が一人で主体的に遂行できるようになるための支援とではまったく意図が違います。前者は，その場での行動に視点を当てていますが，後者はねらいや目的にそった支援になります。将来に期待をする支援になります。これが支援の基本です。

支援はすることよりもなくすことが重要です。このことが結構忘れられているのではないかと思うのですがどうでしょうか。支援は支援がなくても一人で活動できるようになることをねらいにおいて，計画をし，実施されなければなりません。支援をするときは，今，行っている支援をどのようにして減らし，最終的になくしていくかの過程の計画を明確にする必要があります。これが，先に述べた支援案です。しかしながら，実際は，ここまで考えて支援をしている人はほとんどいません。是非，「できないから支援をする」から「発達を促進するために支援する」，に変えてほしいと思います。

発達を促進する支援のポイントは，子どもが成功体験を実感することです。支援を受ける子どもたちにとっては，支援が多いか少ないかとか，また，支援の内容はどうか，などはさして関係ありません。成功体験が実感できたかどうかが重要です。多くの支援を受けているのに，教師の配慮で最後の仕上げは自分ですることを体験した子どもが，自分でやれたという意識をもち，今まで支援を受けなければできなかったことを，支援を断り自分でやろうとしだした例があります。

支援は，成功体験をする支援よりも，成功体験を実感する支援に重点をお

第2章　人生の質を高める教育課程の編成　97

いてほしいと思います。さらに言えば，支援を受けた子どもが支援を意識しない，ごく自然に近い支援であるのがベストです。

(4) スキルよりも主体的行動を優先する支援

先生方の中には，スキルを高めれば主体的行動が出てくる，と思っている人がたくさんいます。通常の子どもであれば，スキルが高まったことにより自信ができ，主体的行動が生まれるケースはよくあります。しかし，この子どもたちは大半がそうではありません。現に，スキルは高いのに主体的行動が見られない子どもはたくさんいます。この子どもたちはスキルが高いだけでは主体的行動はなかなか生まれません。高いスキルが実際の生活で生かされたとき，生活意欲が向上し，主体的行動が出ることが多いのです。通常の子どもと違って，この子どもたちはスキルと主体性は必ずしも連動しないのです。通常の子どもはスキルの向上が内面を育てるきっかけになり，やる気を引き出しますが，この子どもたちはスキルはスキルで終わり，内面の変化まで影響を及ぼすことがあまりないのです。

スキルを主体的に使用し，生きる力として機能するためには，まずはスキルよりも主体的行動を引き出すことを考える必要があります。スキルから主体的行動へは連動しませんが，主体的行動からスキルへは連動します。主体的行動が見られるようになると，大抵の子どもは自らスキルを高めようと努力をしようとします。こうして身につけたスキルであってこそ，生きる力へと発展するのです。これが，この子どもたちの発達過程であり，重要視しなければならない支援であると理解しておく必要があります。

授業では，スキルを高める支援でなく，主体的行動を引き出す支援を行い，子どもに育った主体性を生かして，子どもが自らスキルを高めていこうとする，そのお手伝いをする支援をしてほしいと思います。

(5) 教材，教具，構造化等は発達的視点を重視する

教材，教具は何のために作るのか，構造化は何をねらいにしてするのか，このことを明確にして授業を進めないと，教材，教具，構造化だけが目立って，子どもの活動が埋没される授業になりかねません。筆者は，実はそうい

う授業をたくさん見てきました。

　ある授業では，個々に合わせて教材，教具を作っていましたが，子どもたちにとっては何のための教材，教具かがわからず，せっかく作ったのに，子どもは使おうとしません。先生が使い方を一生懸命教えていましたが，子どもは，その教材，教具が使いこなせないのです。授業のねらいには教材，教具を使って一人で役割を果たす，と記されていましたが，結局，使い方を学ぶ時間で終わってしまいました。はたして，こんな教材，教具が必要なのでしょうか。筆者には，発達的視点が感じられない教材，教具であると感じました。教材，教具のあふれた，見た目や形を重視する，教材，教具が目立つ授業ではなく，子どもたちの生き生きとした活動があふれた，子どもが目立つ授業になる教材，教具を考えてほしいと思います。

　また，ある授業では，子どもが何も考えなくても課題ができるように構造化がされていました。少し失礼ですが，教室というよりは学習小屋のように感じました。教室がとても狭く感じました。筆者が窮屈さを感じたので，子どもたちは，筆者以上ではなかったかと想像しました。頭を働かせなくてもできる，全体が見通せない環境の中での活動で，子どもにどのような発達を促すことができるのでしょうか。確かに子どもたちはそれなりに活動はしていました。しかし，どのように考えても，発達につながる授業とは思えませんでした。

　基本的に，教材，教具，構造化は子どもの意識，主体性，意欲を高めるために必要なものです。教材，教具，構造化のために，子どもの活動が停滞したり，何をしているのかが理解できなかったり，頭を働かせる必要のない活動であったりすると，たとえ，子どもがいくら活動していると言っても，よい授業とは言えません。子どもが，頭を働かせて主体的に活動できる教材，教具，構造化を考えてほしいと思います。

(6) 子どもは教師が側についているほど安定しない

　授業を見せてもらって，筆者が最近，特に気になるのが指導者の多さです。何で，こんなに先生が多いのかと驚かされることも少なくありません。校長

先生にそれを指摘すると，先生方から「子どもが重度で先生がいなければ授業にならない」という強い要求があるからだと言います。これで，本当によい授業ができるのでしょうか。側についている先生方の対応を見ていると授業の質を上げる役割を担っているとはとても思えません。

　子ども6人に対して，先生6人という授業もあります。メインの先生が前で話をし，他の先生は子どもが座っている後ろに座って，子どもの動きを監視（私にはそう見えました）しています。後ろを向けば顔を前に向け，手遊びすればすぐに手を膝に置き，奇声を発すれば黙るよう指示をするのです。こうした対応で，子どもがおとなしく先生の話を聞くようになっているのであれば何も言う必要はないですが，実際は，そういう報告は受けたことはありません。逆に，子どもたちの勝手な行動が増え，むしろ落ち着きがだんだんなくなったという報告はたくさん受けています。

　ある学校で，授業が終わった後で，先生方と授業の在り方について検討することがありました。そこで筆者は，「子どもは教師が側についているほど安定しないし，主体性は生まれない」ということを話しました。「子どもは，先生がなぜいつもそばにいるのか，側についていることの意味がわかっていないし，先生が側についているために，メインの先生の話に意識が向かず，側についている先生との関係にだけ意識が向いてしまっている」ということも話しました。そして，先生が側につかなくてもできる授業を考えてほしい，と提案をしました。

　再度，授業参観に行ったときは，先生は2人になっていました。メインの先生が話をしているときは，子どもの側につくのではなく，先生の側について，メインの先生の説明が子どもたちにわかるように補助をしていました。6人の子どもたちはというと，前回と違って，勝手な行動をする人はほとんどいなく，たとえ，勝手な行動をしても，先生は注意をすることもせず，子どもにわかりやすい説明をし続けていました。前回の授業と比べて子どもたちは学習に対する意識がまったく違っていました。先生の話を聞こう，とみんな前を向いているのです。後ろを振り返る子どももいませんし，奇声を発

100

する子どももいません。こういう授業をしてほしいのです。

　先生によっては，この子は何もできないから側について指導する必要がある，という人がいますが，それは考え違いで，できない子どもの側についていたらますますできなくなり，依存的な子どもになる可能性があります。できない子どもであるからこそ主体性を引き出す，先生が側につかない授業が必要なのです。

(7) 学習中は身体接触（手つなぎ等）は避ける

　筆者がこれだけはやめた方がよいと思うのは，学習中の子どもへの身体接触です。特に重度な子どもには，先生がぴったりとついて活動を共にしていることがよくあります。先生がついていても子どもが主体的に活動しているならまだいいですが，先生がずっと手をつないで，手取り，足取りの活動です。

　筆者は，日々の自由な日常生活と授業は，明確にその目的を区別し，対応する必要があると思っています。日常生活において先生と子どもが手をつないで活動している姿はほほえましくもありますが，授業でそれをすると，それは授業と言えないでしょう，と言いたくなります。授業は子どもの主体性を重視した学習活動です。くつろぎの場でもなければ，遊びの場でもありません。もちろんやらされる場でもありません。授業はあくまで子どもたちの発達を促進する学習の場です。こういう意識をもって授業に臨めば，自ずからどういう対応をとるべきかは見えてくるはずです。

　筆者は，基本的には学習中は子どもに対する身体接触は避けるべきであると思っています。子どもの主体性を引き出すためにどうしても身体接触が必要であるという場合は別ですが，そうはいっても，そんなことはめったにないと思います。やる気もないのに子どもの手をもってやらせようとしたり，授業中なのに先生と手をつないで散歩のように歩いたり，よくできたと言って頭をなでたり，ハイタッチをしたり，抱き合ったりなどすることが本当に学習中に必要なことなのでしょうか。日常生活の延長のような授業は行わない方が，かえって子どもは緊張感をもって学習に集中できます。

第2章　人生の質を高める教育課程の編成　101

身体接触も先生側からすると障害をもっている人への配慮だ，やさしさだ，と言う人がいるかもしれませんが，子ども側からすると余分な配慮だ，苦痛だ，一人でできる課題を与えてほしい，と言うかもしれません。日常生活ではやさしさはあって当然ですが，授業では子どもと心が通う真剣さと愛情で勝負をしてほしいと思います。

(8) 見て学ぶ支援を重視する

見て行動できない子どもが聞いて行動できるでしょうか。見て理解できない子どもは，聞いて理解するのは難しいはずです。聞いて理解するとは，聞いたことが映像化できなければなりません。聞いたことを映像化できなければ行動に移すことはできません。例えば，「手を洗いなさい」と言われても，まったく行動できない子どもがいます。また，洗面所まで行くことはできても，水を出し両手を合わせたままじっとしている子どももいます。手を洗うとはどういう行動か，が正しく映像化できていなければこういう行動になってしまうのもやむを得ません。「着替えなさい」についても同様です。着替えるという一連の行動が映像化できなければ，一つ一つ指示をしなければ行動はできません。映像化できていない子どもにいくら指示をしても，ことばで働きかけても行動の質はほとんど変化しないと理解しておく必要があります。

しかしながら，実際の授業では指示やことばでの働きかけがいかに多いことか。指示やことばがけも子どもがどれだけ映像化できているかを確認しながらするのならまだいいですが，そこまで考えて指導している人はあまりいないように思います。決して指示やことばでの働きかけが必要ないと言っているのではありません。子どもが映像化できている範囲で指示やことばでの働きかけをしてほしいのです。言い換えれば映像化できていない子どもであればほとんど指示やことばでの働きかけはない方がよいことになります。こういう子どもには見て行動することを教え，映像を蓄えてほしいと思います。

筆者はこの子どもたち（特に小学部の子どもたち）には，見て学び，見て理解する学習を徹底すべきであると考えています。

(9) 教師の働きかけは機能しているかどうかで評価する

　授業では，教師は子どもたちにさまざまな働きかけをします。しかし，その働きかけがどれだけ子どもたちに理解され，機能しているかは，あまり考えていないように思います。子どもの態度や姿勢や意欲は評価しますが，教師自身の働きかけの評価をどれだけしているのでしょうか。教師が自身の働きかけが適切であるかどうかを評価しないと，いくら子どもを評価しても意味がありません。基本的には，子どもの態度や姿勢や意欲などの評価は，教師の働きかけがよければよいはずです。

　ところで，子どもの評価は必要なのでしょうか。子どもの評価は，子ども自身を評価するためにするものではないと筆者は思っています。子どもの評価は，教師の働きかけが適切であるかを評価，確認するための評価であるべきです。

　自分の働きかけがどれだけ適切かを評価するためには，こういう働きかけをすれば，子どもはこういう態度で取り組むのではないか，主体性や意欲を示すのではないかなど，子どもの言動や態度，姿勢を予測して授業を行う必要があります。そうでなければ，どういう働きかけが効果的かが見えてきませんし，働きかけの質も高まってきません。働きかけの質を高めることが子どもの学習意欲を高め，成長，発達を促進します。

　子どもへの働きかけは教師の重要な専門性の一つですが，筆者の見る限りでは，教師の働きかけを検討する実践研究はあまり行われていないように思います。余分な働きかけをしない働きかけの在り方，子どもが生きる働きかけの在り方をもっと検討してほしいと思います。当然ですが，働きかけは個々に応じて行うもので，その対応は個々の能力や障害によってまったく異なるものであることを理解しておく必要があります。子どもによっては，働きかけのまったくないのが適切な働きかけの場合もありますし，折に触れ，働きかけをしなければならない場合もあります。

　とにかく，子どもが成長，発達する働きかけの在り方を個々に応じて積み上げていってほしいと思います。目指すのは何も働きかけをしなくても活動

第2章　人生の質を高める教育課程の編成　103

できる姿です。

⑽ 新たな役割，課題に挑戦する対応を行う

　授業では，子どもが役割，課題を主体的に遂行することが，重要な学習内容になります。勘違いしないでほしいことは，子どもは，役割，課題を遂行することを学ぶのではなく，役割，課題を主体的に遂行することの大切さを学ぶのです。役割，課題を主体的に遂行できるようになると，教師はそれで満足し，主体的に遂行できる役割，課題をいつまでも続けようとします。ひどいケースでは，１年間全く同じ役割，課題の遂行で終わっているということもあります。子どもたちが成長，発達するのは，役割，課題の遂行を積み重ねたときでなく，役割，課題の主体的な遂行を積み重ねたときです。

　主体的な遂行は同じ役割，課題を繰り返していては長続きはしません。次第に主体的行動の質は低下してきます。いつも同じ役割，課題ではマンネリ化してきますし，何よりも緊張感がなくなってきます。指導者は常に主体的行動の質を上げていく役割，課題の設定を考える必要があります。

　できる役割，課題を主体的に遂行する場合と，できない役割，課題に主体的に挑戦し遂行する場合とでは，遂行する前と遂行した後の心の動きがまったく違います。後者はまたやってみたいという気持ちになりますし，できない役割，課題にも，積極的に挑戦してみようという意欲が出てきます。こうした体験が主体的な生きる力を育むのです。生活は，新たな役割，課題に常に挑戦し続ける営みである，ということを頭に入れておく必要があります。役割，課題を主体的に遂行できたら，いつまでも同じことを続けるのではなく，新たな役割，課題の設定を考えなければ生活は成り立ちません。子どもを成長，発達させるには，教師が新たな役割，課題を見つけ出し続けることが重要であることを理解しておいてほしいと思います。

⑾ 目標行動を設定し，それをクリアする体験を積み重ねる

　指導案を書くときには，本時の授業の目標を設定します。授業ではこの目標が非常に重要となります。指導案は本時の目標をクリアするために立てられた計画と言っても過言ではありません。ところが，実際の授業では，本時

の目標は設定されているものの，それをクリアすることもなく終わるということも少なくありません。指導案の過程を見てみても，本時の目標をどのようにクリアするのかがほとんど書かれていません。本時の目標は，本時で個々人の何をクリアするかを書いているはずですから，当然ながら，クリアするための支援策が具体的に書かれていなければなりません。こうした指導案であれば，実際の授業でも指導者は，本時の目標をクリアすることを意識して支援を行うはずです。目標達成のための指導案ができていれば，計画が適切であったか，支援が適切であったかの評価ができますので，回を重ねるごとに自ずから授業の質が上がってきます。指導案はそつなく書けているが，指導案の内容と実際の指導がかけ離れているものがよくあります。このような指導案では，一生懸命書いた割には，授業の質は向上しません。指導案は自分の授業の質を高めるために書くものであるということを認識しておいてほしいと思います。

　では，どういう目標を設定すればよいかについて考えてみます。

　言うまでもなく，１時間の授業でクリアする目標です。また，次の授業につながる評価ができる目標でなければなりません。そういう意味では，目標はより具体的でなければならないということになります。例えば，「意欲的に頑張る」「最後まで休まずする」などといった目標は適切ではありません。抽象的で子どもにわかりにくいだけでなく，評価のしようがありません。もっと具体的な目標行動を設定する必要があります。例えば「見本を見ながら一人で規格に合った製品を10個組み立てることができる」などです。これなら，見本をきちんと見ながら作業ができていたか，質の高さを意識していたか，10個の製品がすべて規格品通りできているか，を自分で評価しながら作業を進めることができます。そして目標がクリアできたときには，教師が，クリアするために努力したことや意識していたことを高く評価すればいいのです。間違いなく達成感を感じますし，次にはもっとがんばろうという気にもなります。

　目標行動が決まれば，必ず課題分析（目標行動をクリアするための指導プ

ログラムを作り，子どもにとって何が課題であるかを明確にする）を行い，一つ一つの課題をクリアするためには，どういう指導や支援を行うべきかを考えます。これが指導案の過程に示されている必要があります。目標行動とそれをクリアするための支援が具体的に書かれた指導案こそが，機能する指導案です。

⑿ 学習の終わりと終わった後の行動が理解できるようにする

　学習活動は見通しが重要であることは言うまでもありません，見通しが立たなければ学習意欲は減退します。ゴールが見えない学習は意識も主体性も意欲も生まれません。

　では，どのような見通しが学習上必要なのでしょうか。授業で多くの先生方が取り組んでいるのが，はじまりの理解です。確かにはじまりの理解は重要ですが，学習で重要なのははじまりの見通しではなくて，1時間の学習活動の見通しです。すなわち終わりの見通しです。終わりが理解できると，終わりに向けて自分で行動計画を立て，終わりを意識して遂行に移ります。これが学習で求められている見通しです。はじまりの見通しは，終わりが見通すことができれば，自ずからできるはずです。終わりが理解できれば，はじめは理解できます。はじめが理解できても終わりが理解できないことがたくさんあることを考えれば，終わりの理解が学習上，いかに重要であるかがわかると思います。

　ここで，もう一歩進んで意識化させてほしいことがあります。それは終わったら終わりという意識ではなく，終わったら次の行動に移らなければならないという意識です。生活は単位時間で成り立っているのではなく，単位時間の連続で成り立っています。そのような連続性を意識して行動できるようになってほしいのです。我々の生活は連続性が保たれているからこそ，常に意欲的に一歩先を考えた行動をとります。1週間先，1か月先，1年先，5年先を考えながら今を検討することもできます。しかし，この子どもたちは，見通しがなかなか立たないために，行動一つ一つに連続性がなく，常に指示を受けながら行動しているのが実態です。これを改めない限り，生活の質を

向上することはできません。1か月先，1年先とは言いません。せめて1週間を見通して行動できる子どもを育てないと，自分らしい，機能する主体的な生活は確立できません。

　まずは，1時間の授業の終わりを理解し，見通しをもって学習活動に取り組むことができるようにすることが，その第1歩だと理解しておいてほしいと思います。個々に応じて終わりの見通しがもてる授業を計画することが重要です。

⒀ 対症療法的対応は効果がない

　授業を見ていて，先生方の対症療法的対応が多いことが気になります。子どもがよそ見をしていると，まっすぐ向かせ，奇声を発すると黙らせ，手を休めていたり，手遊びをしていると注意をする，落ち着きのない子どもにはじっとするよう指示をする，などなど，本当に，授業では当たり前の光景です。はっきり言って，これは指導でも何でもありません。なぜならば，こうした対応で子どもが成長，発達した例がないからです。むしろ退行する可能性があります。子どもが成長，発達しない指導は指導とは言いません。指導は子どもが成長，発達するために行うものであることを指導者は頭に入れて授業計画を立てる必要があります。対症療法的対応が多いということは，そういう授業計画が立てられていないということでもあります。

　では，対症療法的対応がいけないとするならば，どのような対応がよいのでしょうか。言うまでもなく原因療法的対応が基本になります。原因を探り，原因に応じた対応をするのです。子どもがよそ見をするのは，学習内容がわからないのかもしれません。そうであればわかるような学習内容に変える必要があります。奇声を発するのは注目してほしいからだということがわかれば，子どもに積極的に働さかけをし，奇声を発しなくてよいようにすればよいのです。手を休めたり，手遊びをしているのは，興味がないのかもしれませんし，何をどうすればよいかがわからないのかもしれません。とにかく，原因に応じた対応を考えていれば，次第に子どもの内面が把握できるようになります。内面が理解でき，それに応じた対応をしていれば，間違いなく子

第2章　人生の質を高める教育課程の編成　107

どもたちが生き生きする授業ができるようになります。原因療法的対応を続けていると，必ず，その重要性が理解でき，対症療法的対応は自然になくなっていきます。

　原因療法的対応と言っても，原因がわからないときもあると思います。そういうときは，基本的には目的的な行動がとれる支援，対応を行います。目的的な行動をとることで，それが当たり前のことであると認知できるようにするのです。目的的な行動がとれるようになったために，不適切行動がなくなった子どもはたくさんいます。

⑭ 主体的行動はスタートと終わりが重要である

　先生方に「子どもの主体的行動をピックアップしてください」というと，いろいろ出てくるのですが，はっきり言って，ほとんどが地域生活や職業生活で通用する主体的行動ではありません。なぜかというと，生活の部分の，しかもごく一部分の主体的行動であったり，指示をしたり支援をしたりすることで出た主体的行動であったりするからです。生活上の一部分の主体性は般化することはありません。また，指示や支援をしての主体的行動は，頭の働く積極的主体的行動（指示や支援をしなくてできる主体的行動）とは違いますから，学校や家庭など限定された場所では有効であることもありますが，地域生活，職業生活ではほとんどと言っていいくらい通用することはありません。

　この教育では主体的行動は常に強調されますが，一体，どんな主体的行動を求められているのでしょうか。生活で使える主体性ですから，生活の一部ではなく，生活全体で発揮できる主体的行動が必要になります。授業であれば，1時間の授業全体での主体性ということになります。最初からこれを求めるのはなかなか難しいですから，まずは，学習のスタートと終わりを主体的に行動できるようにしてほしいと思います。スタートと終わりが主体的にできるようになれば，中身は主体的にできていなくても，子どもは主体的にできたという意識になります。スタートと終わりが主体的にできるようにならないうちに中身を主体的にできるように指導をしようとすることがありま

すが，これは機能する主体性に結びつかないと理解すべきです。

　生活全体を主体的に行動できるようになるためには，スタートと終わりが主体的にできるようにすることが，まず重要です。もっと具体的に言えば，少なくとも学習の準備と後片付けは主体的にできるようになるようにしたいものです。

⒂ すべての生活，すべての授業において基本行動を重視する

　最後に，筆者がすべての授業で重視すべきだと思っていることを述べます。それは基本行動を重視した，支援，対応です。基本行動については先にも述べましたが，これは日常生活の指導だけで考えるものではありません。すべての授業，生活において取り組まなければならないことです。なぜならば，生活は基本行動を土台として成り立っているからです。基本行動が身についていなければ，周りに受け入れられませんから，生活に適応できませんし，生活意欲も生まれません。働く力も働く意欲も生まれません。

　生活単元学習や作業学習などの授業を見ていると，課題や役割を果たすことだけに一生懸命になって，基本行動を含む生活そのものに関する学習がほとんど行われていないことがたくさんあります。例えば，返事やあいさつ，身だしなみ，話を聞く姿勢，人前での言動など，とても周りに受け入れられない行動が多く見られます。そういう子どもの活動をチェックしてみると，集中力や注意力に欠けるし，何よりも主体性，意欲が感じられないことがわかります。こういう子どもは，仮に，教師の指導により役割，課題を果たせるようになったとしても，基本行動面での変化がない限り，主体性，意欲の変化は望めません。

　すべての生活，すべての授業で基本行動を重視しなければならないのは，質の高い社会参加を実現するためです。授業を含めて，子どもの一日の生活の中で，指導者が意識をして基本行動の確立を目指す指導を行うことが，子どもの成長，発達を促進する鍵になることを理解しておいてほしいと思います。

第2章　人生の質を高める教育課程の編成　109

第3章 生活適応教育の実際

　第1章，2章で述べてきたように，筆者は，この子どもたちを社会に送り出し，人生の質を高めていくためには，生活に適応するための教育が欠かせないと考えています。生活に適応できなければ，生活している実感はありませんし，何よりも生活が成り立ちません。生活はしているが自分の生活はできていない状態，ということになります。これでは，生活意欲は生まれませんし，生活の質も人生の質も向上しません。

　実際に子どもたちの生活を見ていると，生活が成り立っていない生活をしている子どもが目立ちます。先生方からすると生活に適応するための教育を行っているという人もいるかもしれませんが，本当にそうでしょうか。

　本章では生活に適応する教育とはどういう教育なのかを，実践事例を中心にまとめてみたいと思います。本章を参考にしながら実践を見直してほしいと願っています。

　まず，生活適応教育の考え方を変えてほしいと思います。生活適応教育は生活に適応させる教育ではありません。生活に自ら適応する教育のことです。今までは，生活に適応させるためには，できることを増やす，スキルを高める，実際体験を多くする，などを中心とした教育が行われていました。これで子どもたちが生活に適応できれば何の問題もないですが，できることを増やす，スキルを高める，実際体験を多くするだけでは生活に適応する力は身につくことはなく，意識，主体性，意欲が重要であることは第1章，第2章で述べた通りです。

　家庭生活に自ら適応できるからこそ，学校生活にも自ら適応できるのです。学校生活に自ら適応できるからこそ，地域生活にも自ら適応できるのです。さらには，地域生活に自ら適応できるからこそ，職業生活や社会生活に自ら

適応でき，人生の質を自ら高めていくことができるのです。

では，具体的に自ら生活に適応するためには，どのような学習が求められているのでしょうか。述べてみたいと思います。

1 生活適応教育の目指すべきこと

筆者は，これからの教育は下図に示すように生活適応を教育の柱に据え，実践を積み重ねていく必要がある，と考えています。言うまでもなく，教育の最終目標は人生の質の向上です。自分らしさを発揮しながら，生活の質を自分で高めていく人生を送る，これが目標です。そのためには，大きく，2つのことが重要になります。それは発達と自立です。生活の土台となるこの両輪が年齢が上がるに従い高められていってこそ，人生の質の向上が実現できます。この両輪が，どちらか一方，もしくは両方とも高められていない状態では，いくら学習を積み重ねても，生活に適応することはできません。子どもたちが年齢に応じて順調に発達し，自立の道を歩むことができて初めて，生活適応が可能になり，人生の質を高めていくことができるのです。

発達も自立も，生きるできる力，生きるスキル，生きる主体的行動を求め

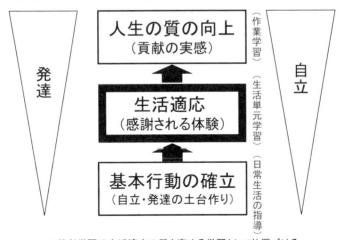

＊教科学習は生活適応の質を高める学習として位置づける

ていると理解しておいてほしいと思います。

　では，学校教育12年間の中で，生活適応を中心として，どのような実践を行えばよいのか，図に戻り説明をします。

　言うまでもなく，学習の柱は，日常生活の指導，生活単元学習，作業学習の3つになります。この3つをどのように組み合わせ実践をしていけば，人生の質を高めることができるのかを考えてほしいと思います。前述した発達，自立の両輪は，3つのすべての学習において重視すべきですが，その土台となるのが日常生活の指導です。

　発達と自立は年齢と共にその質が変わることが重要であると示しましたが，それは，日常生活の指導よりも生活単元学習，生活単元学習よりも作業学習と，より総合的な学習に移行するにつれて，それぞれの生活に合わせて質の向上を目指さなければならない，ということです。

　もう少し具体的に言うと，日常生活の指導で，基本行動の確立を目指しながら，発達と自立の土台づくりをします。基本行動が身についているということが発達と自立の土台です。これができていなければ，生活への適応は難しいと言えます。

　基本行動の確立ができていると，生活に適応するための基礎ができたということになりますから，次は，生活単元学習で生活の幅を広げ，質を高めるための生活適応学習（生活単元学習）を行うことになります。生活適応学習は基本行動の確立と同時並行の形で行うこともあります。個々の実態により，生活適応に重点を置くべき子どもと，それよりも，基本行動の確立に重点を置かなければならない子どもがいます。同じ生活単元学習をしながらでも学習するべき視点が，個々により違うことを理解しておくべきです。生活適応学習のポイントは，認められる，必要とされる，役に立つ，感謝される，貢献を実感できる体験を積み重ねることです。

　生活に適応できるようになると，次は，人生の質を高める土台となる作業学習の充実が必要になります。作業学習は職業生活へ適応する学習ですから，当然ながら，生活単元学習で生活に適応できている子どもでなければ，その

実現は難しくなります。人生の質の向上は，一言でいえば，貢献できる生活ができているかどうかが重要なポイントになります。家庭で，地域で，職場で貢献できる生活を送ることができていれば人生の質は間違いなく向上するでしょう。職業生活で貢献するためには生活に適応できていることが前提です。いくら貢献する活動を行ったとしても，生活に適応できていない子どもは貢献が実感できません。貢献の活動をしても，貢献が実感できなければ，人生の質は高まりません。

　よく先生から「この子は本当に作業学習で貢献できている。この子がいないと困る」などという話を聞くことがあります。ところが，実際に職場に出てみると職場では全く貢献できない子どもがいます。先生から見て貢献していると言っても，子どもがそれを実感していなければ，職場では通用しないのです。その証拠に，こういう子どもが就職して，人生の質を高めているかというと，まったく逆で，むしろ人生の質を低下させています。

　こういうことにならないように，生活適応学習を教育の中心に据え，適応の幅と質を高めていく学習を展開していきましょう，というのが筆者が提言したい，これからの教育です。

　では，今まで行ってきた教科学習はどうすればよいか，という疑問をもつ人もいると思います。教科学習は教科の理解度を高めることが目的でなく，生活適応の質を高めるために行うものであるという認識をすべきです。教科の理解は進んでも，生活の質が変わらなければ意味がありません。生活の質を高めるためには，どのような教科学習をすればよいかを考えるのが，これからの教育に求められている教科学習であると思います。

2 生活適応とは

　子どもたちが経験する生活は年齢によりさまざまです。生活適応とは，それぞれの年齢に応じた，その子にとって，今，最もふさわしい適切な生活に適応することを言います。生活適応を大きく区分すれば，家庭生活への適応，

学校生活への適応，地域生活への適応，職業生活への適応，社会生活への適応ということになります。誰もが最初にクリアしなければならないのが家庭生活への適応です。すべての生活への適応の土台となるものだからです。家庭生活への適応ができなければ学校生活への適応は難しいですし，学校生活への適応ができていなければ地域生活への適応は難しく，地域生活への適応ができていなければ職業生活への適応は難しいですし，職業生活への適応ができていなければ，社会生活への適応は難しいと言えます。生活適応は適切な生活体験と，適切な生活の中での主体的な課題，役割の遂行の積み重ねにより実現できるものです。子どもの実態に合った生活適応を積み重ねる12年間教育を行ってこそ成果が出るものです。図式化すると下図のようになります。

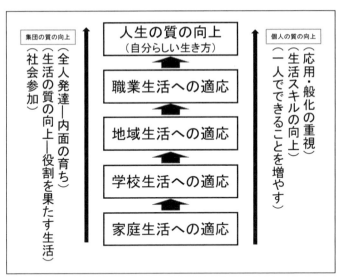

　自分らしい生き方をしながら人生の質を高めていくためには，段階的な生活適応学習が欠かせません。
　まずは家庭生活への適応です。ここでの適切な生活体験とは，自分のことは自分でする体験，家族の一員としての役割を果たす体験，家族を意識した体験を言います。家庭内でその子の存在価値を高めることが家庭生活への適

応です。家族が家族の一員として，お互いが存在価値を認め合い，愛情のある家庭生活を築いていくことが求められているのです。

　学校生活への適応は，学級集団の一員として，学部集団の一員として，学校集団の一員として，存在価値を高めていくことがポイントとなります。1日の学校生活の中で，どれだけ主体的に役割，課題を果たすことができたかどうかで，学校生活への適応の質が違ってくることは言うまでもありません。主体的な役割，課題の遂行が多ければ多いほど存在価値は高くなります。学校生活の中で主体的に役割，課題を果たすことがほとんどなく，させられるだけの生活をしている子どもがたくさんいますが，こんな生活はいくら続けても適応する力は身についてきませんし，存在価値は高まりません。

　地域生活への適応は，地域社会で主体的に役割，課題を果たすことができるようになることが目標です。地域集団の中で，地域の人とかかわりながら主体的に役割，課題を果たし，地域での存在価値を高めるのです。

　職業生活への適応は，働く意欲がキーワードになります。特別な指導が必要なのではありません。家庭生活，学校生活，地域生活への適応が確実に積み重ねられているならば，作業学習を行えば自ずから働く意欲は生まれるはずです。

　これが学校教育で行わなければならない12年間の連続的，継続的な生活適応教育です。

　12年間を通して生活適応教育をより確かなものにするために大切にしてほしいことが2つあります。一つは集団の質の向上です。もう一つは個人の質の向上です。どちらもが向上している状態で，職業生活，社会生活を迎えることが人生の質を向上させます。

　集団の質の向上は，自らが社会参加できる力を備えていることがポイントです。そのために必要なのが，人として生きていく上で必要な内面の育ちと，集団の中で役割を果たす生活が当たり前の生活として定着していることです。これはすべての生活段階において身につける必要があります。

　個人の質の向上は，応用・般化できるできることやスキルを身につけてい

るということです。できることが個人の質を高めるのではありません。スキルが高いことが個人の質を高めるのではありません。できることが実生活で通用し，機能し，一般化して初めて個人の質を高めます。できることや高いスキルが実社会で生かされ，認められることで，個人の質の向上を実感するのです。個人の質は指導や訓練によって高められるものではありません。自らが努力しながら高めていくものです。自分の力を実感する体験を通して高めていくものです。できることを増やしたり，スキルを高めることを目標におく教育ではなく，それらを実生活で生かす教育を行い，生活する自信と意欲を高めていくのが生活適応教育です。

3 生活適応学習の実際

　生活適応教育が人生の質を高める上で重要であるならば，生活適応のために，具体的にどのような学習を行えばよいのでしょうか。家庭生活（学校生活）への適応，地域生活への適応，職業生活への適応の実際について述べてみたいと思います。

(1) 家庭生活（学校生活）に適応する日常生活の指導の実際

　ここでは，適応の土台となる家庭生活への適応を中心に基本行動の確立を目指す日常生活の指導について述べます。学校生活においても基本の指導は変わりませんので参考にしてほしいと思います。

　家庭生活への適応を実現するための指導過程を次頁の図に示します。

　家庭生活への適応で，目標とするのは「家族の一員として主体的に役割を果たす」です。一人で果たすのが無理な役割を果たせるようにする必要はありません。子どものもっている力で，果たせる役割を主体的に果たせるようにするのです。最終的に目指してほしいことは，指示も支援がなくても，主体的に家庭内の役割を果たす姿です。指示や支援をして役割を果たしても適応にはつながりません。家庭生活でねらうのは，指示や支援がなくても当たり前に家庭内の役割を果たす，すなわち家庭内での自立的行動の確立です。

家庭生活への適応

家族の一員として主体的に役割を果たす（自立的行動の確立）	
家族に受け入れられる行動	家族を意識した行動
自分のことは自分でできる	自分のことは自分でしなければいけないという意識がある

家族の意識	家族という集団を大切にして，愛情に包まれた生活ができている（集団の質の向上）
	させられる（指示される，注意される，叱られる）生活でなく，自らする生活（認められる，必要とされる，役に立っている）を重視している**（自らする生活の認知）**
	障害に目を向ける生活でなく，人として生きる生活ができている（人格の尊重，人間性の向上）

これが家庭生活を送る家族の一員としての役割です。

　自立的行動の確立で重要なのは次の２つの行動です。

　一つは家族に受け入れられる行動です。具体的には，自分のことが自分でできるようになることです。指導者がこのことを意識して支援ができているかどうかがポイントです。

　もう一つは家族（周り）を意識した行動です。重要なのは，自分のことは自分でするのは当たり前であるという意識と自分のことをするときに家族の人に迷惑をかけてはいけないという意識です。家庭生活に適応するためには，行動だけではだめです。意識が適応を確かなものにします。家庭生活においては，常に，子どもがどういう意識をもっているかを把握し，意識を高める支援をしてほしいと思います。意識が高ければ必す行動が変化します。彼らなりに家族への配慮が見られるようになります。

　では，「自分のことは自分でできる」と「自分のことは自分でしなければならない」という意識を育てるためには，家族はどういう意識をもって子どもにかかわり，支援をすればよいか，について述べてみます。

第3章　生活適応教育の実際　117

家庭で大切にしてほしいのは，集団の質の向上，自らする生活の認知，人格の尊重・人間性の向上の３つです。

　集団の質の向上では，家庭生活は子どもたちが最初に経験する集団生活になります。しかも，その集団は，自分のことを最大限理解してくれる集団です。こうしたすばらしい環境集団の中で，お互いが尊重し合い，認め合い，助け合い，支援し合い，質の高い集団を形成していくことが，集団の中で生きる意味を体得するために大変重要です。将来の集団生活に適応するための土台となる体験となります。

　家庭生活においては，「自分のことは自分でできる」と「自分のことは自分でしなければならない」という意識を育てる，この２つのことは，決して外すことのできない重要な学習になります。他の集団生活と違うのは，家族という愛情に包まれた，愛情に満ちた集団の中での生活というところです。愛情に満ちた集団であるからこそ，自分のことは自分でできるよう頑張ることができますし，自分のことは自分でしなければいけないという意識が育つのです。家庭生活という集団のよさを生かす機会を逃すと，生活への適応は難しくなると言っても過言ではありません。

　とにかく，家族という集団の質をどこまでも高めていってほしいと思います。障害のある子どもがいる家族ではなく，また，両親，兄弟，プラス障害のある子どもという集団ではなく，一人一人の人格を尊重し合う集団として，きずなを深め合ってほしいと思います。こうした家族集団の質の向上が生活へ適応するためには大変重要となります。

　筆者が，なぜこういうことを言うかというと，学校生活や地域生活で，子どもたちが適応できない原因を調べてみると，家族での集団の質の低さが大きく影響していることがわかっているからです。人が生きる土台の集団である家庭で適応できなければ，他人を中心とした，学校や地域や職場への集団に適応できないことは，集団の形成過程を考えれば，容易にわかることです。

　自らする生活では，自らする生活が当たり前の生活であるという認知を家庭でしっかり身につけておく必要があります。しかし，実際は，指示される，

118

注意される，叱られるなど，させられる生活がほとんどです。まず理解しておいてほしいことは，させられる生活をどれだけ続けても，どんなに熱心に指導しても，自立的行動が生まれることはないことです。むしろ，指示され，注意され，叱られないと行動しない，というマイナスの感情，行動が定着する可能性があります。こういう家庭での生活が学校での適応を難しくするのです。

「指示しなければ何もしないし，動けない」と訴える人がいます。気持ちはわからなくもないですが，最初からそうであったわけではないことに気づいてほしいのです。子どもというのは，自分らしさが発揮できる環境であれば，また，子どもにあった生活であれば，主体的に行動するのが本来性ですし，自立的行動は必ず引き出されます。集団生活を大切にし，適切な対応を行えば，自らする生活は当たり前に，自然にできるようになるはずです。こうした子どもが本来もっている力を無視した指導，対応（指示される，注意される，叱られる）が家庭生活への適応を難しくしているのです。もっと自分らしさを大切にしながら，家庭生活での役割を，家族みんなで果たす活動を積み重ねてほしいと思います。

人格の尊重・人間性の向上では，障害をもっている人がいる家族集団という意識ではなく，一人の人間として尊重し合う家族集団という意識を，家族みんながもたなければならないということです。障害をもっている人としての人間性でなく，人として生きるために必要な人間性に視点を当ててほしいのです。言うまでもなく，人格の尊重や人間性の基礎は家庭で，家族間で育むべきことです。障害のある子どもは特別であると考えないでほしいと思います。人として生きていくということにおいて障害は関係ありません。特別でも何でもないのです。家族集団で，こうした意識をもった関係性を大切にした生活が子どもの人間性を育むのです。

実際，筆者はこうした家族をたくさん見てきました。障害のある子どもはもちろんのこと，家族みんなが生き生きと生活している姿に，人が生きることの可能性の大きさを感じさせられた経験もたくさんしてきました。ある保

護者が「この子がいるからこそ、こういう家族でいられた。家族みんながこの子に感謝しなければならない」と言っていましたが、障害のある子どもだけに焦点を当てた生活をするのではなく、障害のある子どもを含めた家族みんなで関係性を強め、人間性を高めていく家庭生活を送ることができれば、家庭生活への適応だけでなく、すべての生活への適応が実現する、と筆者の体験から断言できます。

　日常生活の指導には、子どもにとっては成長、発達する宝の山がたくさん用意されています。これを指導者がどう生かすかが子どもの将来を決めるのです。

●家族の一員としての役割の指導の実際

　「家族の一員としての役割は、どのようなものがあるのか、具体的にどのように果たせばよいか」を教えてほしいという訴えを多く聞きますので、ここでは、筆者が家庭でどうしても取り組んでほしい、と考えている役割（炊事、掃除、洗濯）を取り上げ、その指導法、対応法について述べてみたいと思います。これができるようになれば、頭の働く活動的な生活ができる子どもに成長すること間違いなしです。さまざまな生活への適応はごく自然にできるようになります。学校が家庭と協力して早期から取り組めば、将来の働く生活の質の向上にもつながります。お手伝いではなく、役割を果たすための学習、頭の働く子どもを育てるための学習、という視点で取り組むことがポイントです。子ども側に立てば、役割を果たしたという実感が得られるような体験が必要です。指導者には、指導を通して「積極的に役割を果たすようになった」「頭が働くようになった」「機転が利くようになった」など、子どもの内面の変化を感じてほしいと思います。

　内容は家庭生活を中心にしていますが、実は、これは学校生活においても取り組むべき日常生活の指導です。日常生活の指導は、家庭と学校の連携により成り立つ学習です。是非、ここに示す指導の実際を参考に家庭と学校の共通理解を図ってほしいと思います。

　指導者には「将来の地域生活、職業生活に通用する行動、対応を身につけ

る」ことを，強く意識して取り組んでほしいと思います。

炊事

　食べることに興味，関心を示さない子どもはいませんので，早期から位置づけ，子どもに家庭での役割として定着させます。お手伝いという位置づけではなく，家族の一員として役割を果たすことに視点を当てていることがポイントです。

　炊事の役割として位置づけてほしいのは以下の4点です。

●食事の準備

　テーブルを拭く，お箸を並べる，お皿を並べる，ご飯やおかずを運び並べる等

●調理

　野菜を洗う，野菜を切る・ちぎる・皮をむく，米をとぐ・炊く，炒める・煮込む等

●配膳

　お茶を入れる，ご飯をよそう，おかずを盛り付ける，食事を知らせる等

●後片付け

　食器を下げる，ごみを捨てる，洗い桶に入れる，食器を洗う・拭く，残り物にラップをする等

　指導のポイントを整理してみます。

●食事の準備

　食事の準備は必ずエプロンをすることからはじめます。手伝ってやらないとできないエプロンではなく，一人でできるエプロンを用意します。

・テーブルを拭く

　テーブルを拭くことを目的にするのではなく，ご飯を食べる前にはテーブ

第3章　生活適応教育の実際　121

ルを拭いてきれいにしなければならない，という意識を育てます。そのために
は，行動の質の高さを求める必要があります。正しい，確かな行動（隅か
ら隅まできちんときれいに拭く）を身につけます。指導者は，正しく，確か
に拭けたことよりも，正しく，確かに拭くように気をつけたことを評価しま
す。意識と行動がマッチする指導がポイントです。拭き方は，最初は横拭き，
次に縦拭きです。縦横の両方することでまんべんなく拭くようにします。

　低学年の子どもであれば，子ども専用のふきんを用意すると意識は一層高
まります。自分専用のふきんであれば，洗ったり，干したりなども抵抗なく
できるようになります。ふきんは折りたたんで使うのが一般的ですが，難し
い子どももいますので，その場合は，子どもの実態に合った，例えば袋状の
ものを準備するのもよいと思います。

　最終的には，食事前にふきんを用意し，水で洗い，絞り，テーブルをきれ
いに拭き，水で洗い，絞って干す一連の活動が自らできるようになるのが
目標です。テーブルを拭くだけなど，部分の役割ではなく，最初から一連の
役割を果たすようにします。対応の基本は，支援を受けながらでも，自分の
力で一連の役割をやり終えた，と子ども自身が感じるようにすることです。

・お箸を並べる

　食卓の用意で，まず最初にしなければいけない役割は箸を並べることです。
自分の箸だけではなく，家族全員の箸を並べることが役割のポイントになり
ます。最初の課題はお父さん，お母さん，お兄さん，わたし，それぞれの席
を決め，間違いのないようにできることです。次いで，箸と箸置きは，その
人専用のものを決めておきます。箸や箸置きは，子どもと一緒に買い物に行
き選ばせると，より一層やる気が出ます。さらには箸や箸置きの位置にも気
を配り，正しくできるようにします。難しい子どもには画用紙などでランチ
ョンマットを作り，位置を設定すると効果的です。

・お皿を並べる

　お箸ができるようになれば，取り皿やコップを並べることに挑戦します。
取り皿の種類（大皿，小皿等）を指示して，自分で食器棚から取り出し，並

べるようにします。難しい子どもには，テーブルに出した取り皿を，並べるようにしてもいいと思います。最終目標は，取り皿を並べることができるようになるのではなく，おかずの種類によって，自ら判断し並べるようになることです。自ら考え，取り皿を並べることができるようになれば，間違いなく，機転の利く子どもになります。

・ご飯やおかずを運び，並べる

　食事の準備で最後の仕事は，中身の入った食器を運ぶことです。一つ一つ丁寧に，こぼすことのないように運びます。ご飯はまだいいですが，味噌汁などは熱いし，こぼすことがありますのでお盆にのせて運ぶのもいいと思います。危ないからやらせられない，などと言う人がいますが，たとえ，失敗しても，させる方が，注意力や真剣さが育ちます。「最初はあぶなっかしくて見てられなかったが，少しずつ慣れてきて，今では片手でもっていけるようになりました。注意力，真剣さは間違いなく向上しました」と証言する母親もいます。最初からうまくはいきません。こぼしてはいけないという意識があれば，真剣に，工夫しながら行動するものです。そういう変化に期待をしてほしいと思います。

●調理

　調理は役割を最も実感しやすい活動です。単なるお手伝いではなく，任せて，待つ対応に心がけ，成功体験を積み重ねるようにします。

・野菜を洗う

　調理で最初にしてほしいことは野菜を洗うことです。野菜を洗うといっても，洗いやすいものもあれば，そうでないものもあります。まずは，キュウリやトマト，ピーマン，ノスなど，小さくて洗いやすいものから体験します。これができるようになると大根など，大きな野菜にも挑戦します。どこをどのように洗い，どのようになれば終わればよいかについては，自分で判断するのが難しいですので，モデルを示して理解できるようにします。いい加減さが身につかないようにするのがポイントです。最終目標はレタスやキャベ

ツ，白菜などを洗うことができるようにすることです。

・野菜を切る・ちぎる・皮をむく

　最初から野菜を包丁で切るのは控えた方がいいです。まずはちぎることからはじめます。レタスを見本の大きさにちぎるとか，キノコを1本ずつほぐすとか，ミニトマトのへたを取るとかします。また，ピーマンであれば手で割くこともできます。ちぎることができれば，次は皮をむくことに挑戦させます。ピーラーを使っての皮むきはおもしろく，熱中する子どもも多いです。ただし，遊びにならないように注意します。指導の基本は正しい，確かな行動です。失敗しない対応も考える必要があります。最後は包丁に挑戦です。まずは包丁の持ち方と動かし方の基本を繰り返し教えます。使い方の基本が身につくまで手を添えて教えます。最初は力をあまり入れなくても切れ，大きく切ってもよい，例えば半分に切ったニンジンなどから始め，いろいろな野菜に挑戦させます。ただし，切る練習ではだめです。切った野菜は必ず料理に使います。

・米をとぐ・炊く

　お米がご飯になるのは，子どもたちにとっては不思議なことです。できたご飯を食べるだけでなく，お米をといで炊くことを体験させることは，不思議を解決する上でも重要です。ただ体験するのではなく，手順をしっかりと教え，ご飯ができる過程を理解させるようにします。

　手順は，①お米を正確に計り，ざるを重ねたボールに入れます。②お米をとぎます。③見本を見せたり，手を添えたりしながら，とぐコツを体得させます。④とぎ終わったらざるを上げて水を切ります。⑤炊飯器の釜にお米を入れます。一粒残らず入れるようにします。⑥水加減はなかなか難しいですが，釜の表示線を見ながら少しずつ，正確に入れます。⑦炊飯器にセットし，スイッチを入れます。⑧しゃもじを使ってご飯をほぐします。

　自分でお米をとぐ・炊くができるようになると，集中力，注意力，思考力，判断力はかなり向上したと考えてよいです。調理は最高のリハビリテーションと言われています。炒める・煮込むを含めて，是非，重要な役割に位置づ

け取り組んでほしいと思います。

・炒める・煮込む

　火を使って調理をするとなると，危険を伴うため，ためらいがちですが，火を使わせることで注意力が増し，安心して任せられるようになったという人も多いです。

　まずは，子どもたちが大好きなカレー作りに挑戦することを勧めます。カレー作りは，野菜を切って，炒めて，煮込み，ルーを入れて仕上げ，お皿によそうところまでやるようにします。安全性を考えて，ついつい手を出し，口を出すことが多いですが，手を出し，口を出せば出すほど思考が働かなくなりますから，逆に勝手な行動や危険な行動が多くなります。できないことを教えることやいい加減な行動をなくすための支援は必要です。支援は手を出し，口を出すこととは違います。教えて任せることと支援を減らしていくことをバランスよく取り入れてほしいと思います。最初から最後まで自分一人でできるようになることが目標です。子どもが自分一人で作ったことが実感できることが何よりも重要です。

●配膳

　配膳は，家族一人一人のことを意識しながらできるかどうかがポイントになります。誰のものかわかりやすい食器や箸などを使うようにする工夫も必要です。個々により量の違いに気づくことも重要な学習です。

・お茶を入れる

　家族みんなのコップにお茶をつぎます。こぼさないように少しずつつぐのが基本ですが，最初は少しぐらいこぼしても寛大に対応します。大事なことはこぼしたら拭くことです。何度か自分で拭いているうちに，慎重につぐようになった子どももいます。これが意識の向上です。

　お茶は，冷たいものと温かいものがありますが，両方とも体験させます。急須に茶葉を入れ，つぐときは持ち方を含め正しいやり方を教えます。

・ご飯をよそう

　ご飯を家族のお茶碗によそいます。個々のお茶碗に，誰がどのくらいの量かを考えてよそいます。考えてよそうのがポイントです。お茶碗の持ち方，しゃもじの持ち方，入れ方，盛り付け方は画像や映像，母親がモデルを示すなどして最初にしっかりと教えておきます。教えられたことを自己判断，自己評価しながらよそうことができるようになればベストです。

・おかずを盛り付ける

　盛り付けは見た目を重視する必要があります。見本にそって盛り付けをする，というのが目標です。盛り付けをするための道具（トングや菜箸など）は子どもが使いやすいように工夫します。使いやすい道具を用意するだけで意欲の出る子どももいます。盛り付けは，生野菜，揚げ物，煮物などいろいろな種類に挑戦させます。ケーキなどになると一層意欲が出ます。自分勝手に盛り付けることだけはさせないようにします。

・食事を知らせる

　食事の準備ができたら「ごはんですよ！」と知らせるのは子どもの役目にします。「ごはんですよ！」と声をかけるのは，自分が準備をしたということを知らせることになりますから，子どもは張り切るはずです。声をかけられた人は「ありがとう」と言ってあげると，子どもはなお一層準備をしたことに喜びを感じます。せっかく，「ごはんですよ！」と知らせたのですから，みんなが揃ったら，「いただきます」のあいさつをする係りも子どもにさせる方がいいです。さらに「ごちそうさま」のあいさつもさせると，次に行う後片付けにスムーズに移れます。

●後片付け

　後片付けは，子どもにとってはあまりやりたくない活動です。がんばってやらなければいけないという気持ちをもたせるためにも，家族みんなが感謝のことばをかけることを忘れないようにします。やらされるのではなく，自分の役割として進んでやれるようになるかどうかが最大のポイントです。

・食器を下げる

　食器の後片付けは，自分の使った食器を下げることからはじめます。一つ一つ食器を運んでいたときは意欲を示さなかったが，お盆にのせて運ぶようにすると積極的にやりだした，という話を聞きました。食器を下げる専用のお盆を用意すると責任感も出て効果的です。自分のものが下げられるようになると，次第にみんなの食器も運ぶようにします。家族の人は必ず，感謝の気持ちを子どもに直接伝えるようにします。

・洗い桶に入れる

　下げてきた食器を水の張った洗い桶につけます。食器に残ったものは必ず取り除いて入れるようにします。ことばで指示したり，教えたりすることは控え，覚えるまで見本を見せ，見て理解した上で任せます。これがポイントです。食器は一つ一つていねいに扱い，洗い桶に入れます。ていねいさを強調することで，集中力や注意力を高めます。

・食器を洗う・拭く

　水が好きな子どもが多いですから，取り組みやすい活動です。しかし中には，役割を果たすというよりは，水遊びを楽しんでいる子どももいます。こうなると逆効果です。スポンジは子ども専用のものを用意します。母親と同じものは使わせないようにします。自覚と責任感をもって役割を果たすことができるようにするためです。洗剤は泡が出て感触もいいですからたくさんつけて楽しむことがありますが，適量を具体的（押す回数等）に示して教えます。子どもが洗った後で，母親が洗い直しをするということは絶対にやめた方がいいです。任せた以上は成功体験をさせることがポイントです。成功体験できる範囲の食器を洗うようにします。

　すすぐについては，簡単なように見えて，子どもにとっては結構難しい活動です。どこまですすげばよいかの判断がしにくいからです。子どもに任せているといつまでも終わらないこともあります。洗剤のぬるぬるがなくなったかどうかを，自分の手で確かめることを繰り返し，感覚で覚えるようにします。自分で確かめて終わることができるのが目標です。手を石鹸で洗うと

きに判断する学習をするのも効果的です。

　すすぎが済めば拭く活動です。食器の後片付けは，食器を洗い，すすいで，拭いて食器棚に始末をするまでの一連の活動を身につける必要があります。

・残り物にラップをする

　残り物にはラップをして冷蔵庫などに入れることを教えます。ラップを取り出すのがむずかしく，絡まったりなどうまくできない子どもがいます。子どもの後ろから両手を添えて取り出し方やラップの仕方を教えます。コツを覚えると意外に簡単にできるようになります。ラップはできるようになったものの，なぜしなければならないのか，がわかっていない子どもがいます。理由を教えることを忘れないようにします。ラップをする機会は残り物だけでなく，電子レンジの利用にも使います。その際も，どうして必要かの意味を教えます。

・ごみを捨てる

　生ごみの処理は子どもにとっては，あまり意欲の出る活動ではないですが，後片付けの最後の活動として取り組ませます。これがきちんとできるようになると後片付けは定着したと言えます。流しの生ごみをゴミ箱に捨て，ごみ提出日には自分で持っていくことができるようにします。

掃除

　炊事と同じように，掃除は家庭で毎日することです。毎日することだからこそ，役割として位置づけると効果があります。掃除は家庭だけではなく，学校でも，地域でも，職場でも，すべての生活の場において重要な活動です。ある職場の方が「掃除がきれいにできない子どもに仕事はできない」と言われました。筆者もその通りだと思います。掃除は生活する上での土台となる活動であり，周りの人にも好感を与える活動です。掃除の基本はきれいにすることです。きれいになったかどうかを自己評価できるかがポイントです。

　掃除の役割として位置づけてほしいのは以下の7点です

●拭き掃除

    床，窓ガラス，置物等

●掃き掃除

    床，玄関，庭等

●ゴミ拾い

    家の中，屋外，ゴミの分別等

●ゴミ出し

    分別されたゴミを所定の日に，所定の場所に出す

●風呂掃除

    浴槽を洗う，タオル・シャンプーの整理，風呂を沸かす等

●トイレ掃除

    トイレットペーパーの取り換え，タオルの交換，便座拭き，ブラシ掃除等

●掃除機

    フロア，畳，絨毯等

以下に指導ポイントを整理します。

●拭き掃除

　拭き掃除は，子どもに，どういう道具を与えれば，きれいな拭き掃除ができるか，効果的かを個々に合わせて考える必要があります。使いこなせない道具を使っていくら掃除をしても，やらされ感しか残りません。掃除はもともと楽しい活動ではないですから，きれいにすることができたという実感を味わわせなりれば，意欲は生まれません。

　掃除が終われば，必ずきれいになっているかを自己評価させます。最初は子どもと一緒に確かめ，よくできているところをしっかり認めるようにします。指導者が監視をしたり，できていないところを評価したりしないようにします。感謝のことばがとても重要です。

第3章　生活適応教育の実際　129

・床

　雑巾で床を拭く活動は，役割を果たすという側面だけではなく，身体的能力のパワーアップにつながりますので，是非，取り上げてほしいと思います。拭き方は四つん這いで腰を上げてするやり方です。いつも決まったところをしていると，課題意識がでてきます。雑巾は子どもの実態に合わせて用意すると抵抗なく取り組めます。ミシンが使える子どもであれば，アップリケなどを入れて，自分専用の雑巾を作ると，なお効果的です。雑巾の洗い方，絞り方もていねいに指導します。

・窓ガラス

　これは毎日は必要ないと思います。汚れたらきれいにするという意識をもたせる学習がわかりやすいです。雑巾だけでなく，新聞紙などを使うときれいになることも教えます。「新聞紙を使いなさい」ではなく，「新聞紙を使ってみよう」という働きかけを行い，きれいになったことを確認するようにすると，新聞紙の効果が自分で理解できます。

　お手伝いによる掃除から仕事としての清掃に移行したいなら，日曜日など決まった日に，決められた窓を，汚れていてもいなくてもすべて清掃するように位置づけるのもいいと思います。中学部や高等部の子どもには将来のことを考え，掃除（汚れているところを中心に行う）から清掃（汚れに関係なくすべてを行う）への移行を図ります。清掃となると，清掃に必要な道具（水切りワイパー等）を用意することも必要です。

・置物（テレビ等）

　拭き掃除は，床や窓ガラスだけではありません。置物などにも気を配ることができるようにします。置物を自ら拭き掃除ができるのは，汚れに気がつけば進んできれいにしようという意識が育っている子どもです。こういう当たり前の意識を育てておいてほしいと思います。

●掃き掃除

　掃き掃除は，すべての生活において欠かせないもので，掃き掃除の役割が

果たせるかどうかで，生活の質もずいぶん違ってきます。職場で，掃き掃除がきちんとできることで，周りの人に認められ，頼りにされ，職場の人との信頼関係ができ，仕事にも好影響を及ぼした子どもがいます。

掃き掃除は，生活場面によってその内容，ねらいを変える必要があります。家庭生活では，お手伝いの意識が強くなりますが，学校生活になると役割という意識に変えていく必要があります。地域生活になると，地域の一員として，公園や公民館などの公共施設などの掃き掃除に積極的に従事し，役割の遂行の重要性を認識できるようにします。職業生活では，仕事の後片付けの一つとして掃き掃除は大変重要で，どの職場でも日常的に行われています。正しく，確かにできるかどうかで，その子の仕事が評価されることも少なくありません。とにかく，どんな場所でも掃き掃除はできるように指導していく必要があります。

・床

最近では，家庭では床をほうきで掃くことはほとんどなくなりました。しかしながら，学校や職場ではほうきが中心です。ほうきの種類も多く，自在ほうき，モップ，ダスタークロスでの掃除が中心です。将来のことを考えて，家庭でも，こうしたほうきの利用を勧めます。

・玄関

玄関は外から帰って，靴を脱いで上がるところですから，汚れも目立ちます。日曜日など日を決めて自ら取り組むようにします。ここでも，自在ほうきやモップを活用すると，学校や職場での掃除につながります。掃除を始める前には靴をのけ，終わったあとはきちんと並べることも課題にします。

・庭

庭掃除は定期的にするのではなく，落ち葉があるなど，汚れに気づき，自分で判断してできるようにしたいものです。学校でも，地域でも，職場でも汚れを自分で判断して掃除をしなければならない機会はたくさんあります。しかし，実際は汚れを判断して掃く経験を積んでいないため，できる子どもは少ないです。まずは指導者が一緒に掃除しながら，汚れを判断することや

第3章　生活適応教育の実際　131

掃き方を教えます。家庭で庭掃除ができるようになっていると，地域や職場でも生かされ，周りの人の評価も違ってきます。

●ゴミ拾い

　掃除の時間にはゴミが拾えても，それ以外の時間では知らんふりの子どもがいます。職場の方に「ゴミが落ちていても拾おうとしない子どもに整理，整頓はできない」と言われたことがあります。職場では整理，整頓は大変重要です。自ら，整理，整頓ができるようにするためにも，ゴミ拾いは，時と場所にかかわらずできるようにしておく必要があります。

・家の中

　ゴミを見つけたらゴミ箱に入れる，ゴミ箱のゴミがいっぱいになったらゴミ捨て場に持っていく，こんな当たり前のことができない子どもがたくさんいます。こういう子どもはいつも部屋が散らかっています。一方，ゴミが落ちていれば，拾い，ゴミ箱に捨てることができる子どもは，概してきれい好きな子どもです。是非，こういう子どもを育ててほしいと思います。落ちているゴミをさっと拾うことで，職場の人から「感心な子ども」と評価されることも多いです。

　では，具体的にどうすればよいのか，指示をしてやらせる対応はまったく効果はありません。「ゴミが落ちていたら拾いましょう」と言って指導者が自ら行動すると，子どもはそれを見て学ぶことができます。たくさんのゴミが落ちている場合は，「一緒に拾ってくれる？」と言って，子どもに行動を促すのもいいです。

・屋外

　屋外でのゴミ拾いは，日常的にはなかなかできませんから，地域などでよく行われている「市民大清掃の日」などに積極的に参加し，意識を高めます。自分が外で飲んだジュースの缶やペットボトル，お菓子の包み紙は必ずゴミ箱に捨てるようにします。ごみ箱がない場合は家に持ち帰り捨てる習慣を身につけます。

・ゴミの分別

　ゴミは分別が必要なことを，ゴミ箱に捨てるときから意識させてほしいと思います。家庭でのゴミを自分で分別できるようにします。

●ゴミ出し

　分別されたゴミを所定の日に，所定の場所に出すことを体験させます。指示をしてやらせるのではなく，ゴミ出しのカレンダーを作り，子どもが自分で判断してもっていくようにします。これが指導のポイントです。小さい子どもは無理だという人もいますが，軽めのゴミから始めればできないことはありません。早期から始めることを勧めます。リサイクルに出す牛乳パックははさみで開いて，もっていくことも体験させます。

●風呂掃除

　風呂掃除は，家庭で位置づけてしていることが多いですが，効果的な指導が行われているかというと，そうではありません。お手伝いで終わっているのがほとんどではないでしょうか。とにかく，きれいにしなければいけないという意識を育ててほしいと思います。

・浴槽を洗う

　小学生になれば，浴槽を洗うことも任せます。最初からうまくはできませんが，指導者が一緒になって洗い，徐々に任せる部分を増やしていきます。一人に任せたときは必ず確認をし，よくできていることをほめるとともに，感謝の言葉を述べるようにします。できていないところを注意するのは感心しません。「ここはこのようにすればもっとよかったね」など，行動を認めた上で改善を求めるようにします。できれば洗面器とか，こしかけも洗うと気持ちよさが認知できるようになります。

　洗剤も積極的に使わせるようにします。ただ，洗剤の量やすすぎの仕方は具体的に見本を見せて教えます。スーパーに買い物に行ったとき，少なくなっている洗剤を自分から買おうとした子どももいます。洗剤を使うからこそ

第3章　生活適応教育の実際　133

出てきた行動です。こうした頭の働きを大切にしてほしいと思います。

・タオル・シャンプー等の整理

　自分がお風呂に入ったときには，シャンプーや石鹸，タオルなどを元の位置にきちんと戻すことを課題とします。

・風呂を沸かす

　風呂を沸かすのも任せるようにします。最近はスイッチ一つで沸かすことができるようになっていますので，お風呂の栓が閉まっているかどうか，ふたが隙間なくできているかどうかを確認した上でスイッチを押すようにします。こうしたことに頭が働くようにするのがポイントです。

●トイレ掃除

　職業生活，社会生活を送る上で，清潔心は大変重要です。これが身についていないために周りに受け入れられないケースもたくさんあります。清潔心を育てるために，最もよい学習はトイレ掃除です。トイレ掃除ができることで就職（例えば清掃業務等）に結びついた子どももいます。お手伝いではなく，一人できれいにできるようにすることを目指します。

・トイレットペーパーの取り換え

　まずはトイレットペーパーの取り換えです。しょっちゅう取り換えるものではありませんので，気がつかないことも多いですが，子どもにはトイレ掃除をするときに必ずチェックするよう位置づけます。取り換えが必要なときは，自分で所定の場所から取り出し交換します。交換の仕方はその都度教えるのではなく，最初にできるようになるまで練習をしておき，後は任せます。

・タオルの交換

　タオルは汚れたら替えるのではなく，決まった日（曜日を設定）に交換するようにすると子どもにとってわかりやすく，替えなければいけないという意識も育ちます。新しいタオルに替えたら，古いタオルは洗濯場にもっていきます。自分で洗うことができれば一番いいですが，難しい場合はせめて，洗いあがったタオルを干すとか，乾いた新しいタオルを所定の場所に始末す

るなど，タオル交換は自分の仕事である，ということを位置付けるようにします。

・便座拭き

　最近はトイレに流せる便座シートがありますので，それを使うようにします。便座は汚れているところを拭くのではなく，あらかじめ指定された場所を順番に拭くようにします。場所により便座シートを取り換えることも，課題として位置づけます。汚れていても汚れていなくても，全体をまんべんなく拭くようにします。これがお手伝いと仕事の違いです。

・ブラシ掃除

　ブラシ掃除も便座拭きと同じで，汚れていても汚れていなくてもまんべんなく，指定された手順に沿って洗います。汚れているところは特にていねいに洗います。掃除は後に使う人が気持ちよく使えるようにすることが一番の目的です。そのことをしっかりと認知させるようにします。

●掃除機

・フロア・畳・絨毯等

　掃除機は準備から後片付けまでの一連の活動ができるようにすることがポイントです。掃除機を準備したらコードをゆっくり引っ張り出し，プラグをコンセントに隙間のないようにきっちり差し込みます。掃除は汚れているところだけではなく，全体をまんべんなくします。特に，コーナーや家具を置いているところはていねいにします。終わったらゴミがないか確かめるのが指導のポイントです。畳や絨毯は，フロアと違って目に沿って，ゆっくりと掃除することを意識付けます。

洗濯

　活動をすれば衣服は汚れます。汚れた衣服を着ていると，周りから敬遠されます。身だしなみがきちんとできているか，清潔な服装であるかによってコミュニケーション力が決まるとも言われています。洗濯は汚れを落とし衣

第3章　生活適応教育の実際　135

服をきれいにするというだけではなく，よりよいコミュニケーションを成立させるためにも重要な活動であるという認識をもって指導を行う必要があります。洗濯ができる子どもを育てることが目標ではなく，清潔な衣服を着て，身だしなみに気をつけなければいけないという意識を育てることが目標になります。保護者から，家庭ではいつも洗濯のお手伝いをしてもらっている，という話をよく聞きます。洗濯は単にお手伝いという活動で終わってはいけません。生活の幅を広げ，生活の質を高める上で重要な活動であるという，教育的意味を理解して指導に当たってほしいと思います。

　洗濯の役割として位置づけてほしいのは以下の4点です。

●洗濯物の準備
　　洗濯物の仕分け，汚れのチェック，表裏の確認とポケットのチェック等
●洗濯
　　洗濯機の使い方，洗剤の入れ方，後片付け等
●洗濯物を干す
　　干し方（物干し竿，ハンガー，洗濯ばさみ等）
●洗濯物を取り込む
　　取り込み方，たたみ方（靴下，タオル，シャツ，ズボン等），タンスにしまう，アイロンをかける等

　以下に指導ポイントを整理します。

●洗濯物の準備

・洗濯物の仕分け

　家庭により洗濯物の洗い方は違いますが，まず最初に一緒に洗う物を仕分けます。指導者が指示をしながら一つ一つ仕分けるのではなく，仕分けカードを用意し，それを見ながら自分一人で仕分けができるようにします。仕分けは，職場でもよくある作業ですので，こういう機会を利用して学習してお

きます。

・汚れのチェック

　せっかく洗濯しても，汚れが落ちていないということがよくあります。ひどい汚れなどは事前にチェックし，必要ならば固形せっけんで洗うことも教えます。自分が着ているワイシャツや靴下などは，固形せっけんを使って汚れが落ちる体験をさせます。そうすれば自分のものは自分で洗うという意識も育ちます。洗濯物が乾いたときに汚れが落ちているか確かめることも忘れないようにします。

・表裏の確認とポケットのチェック

　洗濯する前には，必ず，洗濯物を一つ一つチェックするようにします。裏返しになっていないか，ポケットにハンカチや固形物が入っていないかを調べます。実はこうした学習が注意力や判断力，見通す力を育てます。

●洗濯

・洗濯機の使い方

　今の洗濯機はスイッチ一つでできる，全自動洗濯機になっていますので，子どもがする作業もスイッチを押すだけでほとんどありませんが，表示板に書いてあることは，わかる範囲で教えるようにします。指示を出してやり方を教えるよりも，手順を書いたもの（手作り）を見せ，それに沿って自分で考えながら洗濯をするようにすると，意識は高まってきます。職場でも洗濯機を使うということはよくありますので，少なくとも家庭にある洗濯機は使えるようにしておく必要があります。

・洗剤の入れ方

　洗剤の入れ方も洗濯機によって違いますが，家庭で使う洗濯機で，洗剤の入れ方を学ぶようにします。洗剤はきちんと計量することを課題にします。例えば，クリーニング屋に就職すると，こういう作業は当たり前にできなければなりません。洗剤は入れるだけでなく，少なくなれば自分でスーパーに行って買うことも体験させます。

第3章　生活適応教育の実際　137

・後片付け

　洗濯が終われば洗濯機を拭いたり，洗濯中に集まったゴミを捨てるところまで責任をもたせます。床などが濡れることもよくあります。雑巾できちんと拭いて，使う前と同じにします。これも重要な学習です。後片付けがきちんとできるかどうかで，生活への適応は随分違ってきます。

●洗濯物を干す

・干し方（物干し竿，ハンガー，洗濯ばさみ等）

　洗濯物の干し方にも，家庭によってそれぞれルールがあります。そのルールをしっかり理解して干すことを教えます。ポイントはいい加減な干し方をしてはいけないという意識を育てることです。物干し竿に干す物，ハンガーに干す物，洗濯ばさみに干す物など自分で区別できるようにします。

●洗濯物を取り込む

・取り込み方

　何よりも身につけてほしいことは，いつ取り込めばよいかを，自分で判断できることです。取り込む時間は，だいたい午後2時から3時頃だと言われていますが，乾いているかどうかをチェックしながら取り込むことを課題とします。洗濯物を取り込むのを家庭での仕事にしていたある自閉症の子どもは決められた時間に必ず取り込みますが，雨で洗濯物が湿っていても全部取り込みます。しかも，それをていねいにたたんでタンスに入れます。頭の働かない，パターン化された活動は機能しないことの事例です。自分で乾いているかどうかをチェックしてから取り込むのは，判断力を高める大変重要な学習になります。

・たたみ方（靴下，タオル，シャツ，ズボン等）

　先にも述べましたが，タオルをきちんとたたむことができたことで，リネン会社に就職できた重度の子どももいます。単純な作業でもていねいにできることが，将来の仕事につながることを意識して取り組んでほしいと思いま

す。まず，靴下は裏表，左右を間違いないように揃えてたたみます。タオルやハンカチは表が上にくるようにすることと，角をきちんと合わせることを課題にします。シャツやズボンも正しいたたみ方を教え，できるようにします。学校での指導と同じようにすると効果的です。

・タンスにしまう

たたむことが終われば，所定の場所に始末します。せっかくたたんでいるのにもっていくときに形が崩れることがよくあります。両手でていねいにもっていくことを教えます。タンスにしまう場合は入れるところを間違えないようにします。これも，思考力，判断力を要する大変重要な学習となります。家族みんなの洗濯物を自分一人で始末できると喜ばれますので，貢献を実感する体験にもなります。

・アイロンをかける

アイロンがけは，かけることが目的ではなく，かければしわが伸びてきれいになることを知ることを学ぶ学習です。最初はハンカチからはじめ，しわが伸びてきれいになることを実感させます。シャツやズボンなどは，アイロンをかける意味が理解できてからにします。アイロンがけは身だしなみを整えることへも発展させてほしいと思います。職業生活を送るようになったときにしわくちゃのシャツやズボンを着ていくことのないよう，アイロンがけを通して意識化を図ります。

(2) 学校生活・地域生活への適応学習の実際（生活単元学習）

学校生活・地域生活への適応学習は「子どもにとってふさわしい生活の中で，自分らしさを発揮しながら，主体的に役割，課題を果たす学習」です。ことばを変えれば，学校生活，地域生活での生活の質を高め，生活意欲を育む学習です。これは生活単元学習が中心になります。

ここでは，このねらいに沿って取り組み，成果を上げている，福井県立嶺南西特別支援学校の生活単元学習の事例を紹介します。子どもたちが自信をもって生き生きと課題に取り組む学習設定に注目してほしいと思います。

❶ 嶺南西特別支援学校の生活単元学習

　キャリア教育の視点を取り入れた，これからの生活単元学習は，子どもたちが生活や集団に適応するための学習を展開して，将来の社会参加を確かなものにするとともに，人生の質を高めていくことがねらいになります。

　本校の生活単元学習は地域の人たちとの積極的な交流活動を通して，地域生活に適応することを目標にしています。具体的には人にかかわる力の向上や，主体的な役割遂行を通して地域の人に子どもたちの力，存在を認めてもらうことに重点をおいて学習を展開しています。

　小学部では，子どもたち手作りのゲームランドに近隣の小学生を招待し，お互いが対等な関係性を築きながら，さまざまなゲームで楽しんでもらう学習を設定しています。自分たちで考えたゲームに，喜んで参加してもらえ，「楽しかった，またやりたい」と喜ばれた子どもたちは，自信に満ちています。各自が主体的に役割をりっぱに果たし，自分たちだけでやれたという充実感を味わうとともに，仲間意識を高めることができています。

　中学部では，地元の老人クラブの人たちを，自分たちが考えた手作り屋台に招待し，貢献を実感できる学習に取り組んでいます。対等以上の関係である相手に，精一杯のおもてなし活動を行い，感謝されたり，自分たちの力を認めてもらったりすることで，存在価値を高めています。生きる力が確実に身についてきていると感じます。

　生きる力の向上には子どもたちの主体的行動を引き出す内面を育てることが大切です。そのためには，集団の中で思考，判断，気づき，見通しを伴う主体的行動が引き出される学習を設定，展開することが重要であると考えています。これからもこういう学習を積極的に取り入れていきながら内面が育つ学習を考えていきたいと思っています。

　子どもたちが一つになって，教師に頼ることなく，仲間と協力して積極的に自分の役割，課題を果たそうとする姿を見ていると，この子どもたちのもつ力の可能性を感じます。

❷ 小学部の生活単元学習
「地域の小学生を笑顔にするチャレンジランド」

> **取り組みの概要と成果**
>
> 　手作りのゲームランドに地域の小学生を招待し，自分たちが考えたゲームを楽しんでもらう実践です。本実践では，大あきかんつみつみ（1分間で空き缶を何個積むことができるかを競うゲーム）と，つりつり Get（1分間で魚を釣って，その得点を競うゲーム）を行いました。7名の子どもたち一人一人に，思考したり，判断したり，見通しをもたなければならない重要な役割が与えられています。リーダーを中心に子どもたちが主体となって「チャレンジランド」を運営し，自信をもって自分の役割を果たしながら，生き生きと活動に取り組むことができました。子どもたちが主体的に関わり，小学生と関係を築き，お互いを認め合いながら，ともに活動する交流及び共同学習です。

はじめに

　小学部高学年の生活単元学習では，家庭や学校などの身近な生活において，人とかかわりながらもっている力を精一杯発揮して主体的に役割を果たすこと，また，感謝される活動を通して喜びを実感し，生活意欲を育てることを大切にしています。本校では，「お店屋さんをしよう」の単元を設定し，お客さんを招待し，商品を提供する活動を行っています。お店を運営するためには，集団の一員として自分の役割を果たしながら友達と協力することが必要です。また，誰かを招待する活動は，人との関係の中で，やり遂げた手応えを感じることができる体験です。本実践では，地域の小学生をお客さんとして招待しました。交流学習はこれまでも行ってきましたが，どうしても相手からの働きかけが多く，子どもたちにとって受け身で「してもらう学習」になっていました。子どもたちが自信をもってお店を運営し，対等な関係で

第3章　生活適応教育の実際　141

交流をしてほしい。そして，一人一人が自分らしさを発揮して，仲間と協力しながらお店屋さんをやり遂げ，小学生から感謝される経験を通して，生活意欲を育てていきたいと考えました。

指導の実際
◆生き生きと活動に取り組む子どもたちの様子

　おそろいの黄色のユニフォームを着て，お客さんを楽しませるポイントを全員で唱和していきます。これは，みんなで一つの目的に向かっていくという意識を育て，仲間意識を高めるための工夫です。「開店です！」という店長のかけ声と同時にベルが鳴り，「いらっしゃいませ！」と元気なあいさつでお客さんを迎えます。

　店長（兼魚釣りリーダー）とあきかんリーダーは「こちらへどうぞ」

写真1　ゲームの説明をするリーダー

とお客さんを案内し，それぞれのゲームの説明をします（写真1）。店長が「お客さん準備はいいですか」「リーダーさんあきかんつみの準備はいいですか」とお客さんや友達の様子を確認したら，いよいよゲームがスタートします。時計係と音楽係が見合わせて，1分間のスタート合図を出します。「はじめます。よーいスタート！」小学生は記録を目指して，真剣にゲームに取り組みます（写真2）。「がんばれ」「あと○秒です」とみんなで応援することも，お客さんを楽しませるための大切なポイントです。店長とリーダーは，困っているお客

写真2　ゲームに取り組む小学生の様子

さんを見つけると，さっと近づき対応します。記録係は，「現在のチャンピオンは○○さんです」とみんなに伝え，小学生の意欲を引き出します。

　チャンピオンには，スタンプ係からスタンプが押され，メダル係から「おめでとうございます！」とメダルが渡されます。そして，みんなから祝福の拍手が送られます。子どもたちはお客さんの様子を見ながら，その時々で，どうしたらよいかを考え，判断し，行動することができました。自分の役割を自覚し，自信をもって，生き生きとした表情でお客さんに対応する姿に，確かな手応えを感じました。生活単元学習で大切にしてきた，「人とのかかわりを重視して集団の質を高めること」「集団の中で，自分の役割を主体的に果たすこと」「感謝される経験を通して喜びを実感すること」が体現された学習となりました。

◆子どもたちの意欲を引き出し，持続させる授業づくり

　生活単元学習は，子どもたちの生活に根ざした学習を設定することが大切です。授業づくりは，子どもたちの生活からスタートします。ゲームの内容，お店の名前，役割分担，開店準備はすべて子どもたちが中心となって決めていきます。まずは，自分たちがいろいろなゲームを体験し，どんなゲームなら小学生が楽しめるかを考え，計画を立てることから始めます。ゲームの内容が決まれば，役割分担をして，それぞれのお店の開店準備に取りかかります。看板（写真3）や招待状などを含めて，たくさんの準備物を用意しました。小学生を楽しませるという目的がはっきりしているので，時間はかかっても子どもたちは真剣です。自分たちが経験し，自分たちで話し合い，自分たちで決めたお店なので，意欲的に活動することはもちろん，自分たちのお店という意識やお客さんへの意識も育っていきます。

写真3　看板

◆人とのかかわりを重視して，集団の質を高めるための取り組み
●集団の質を高めるリーダー制
　スムーズにお店を運営するためには，個々の課題や役割を一生懸命こなすだけでは不十分で，友達やお客さんとかかわりながら自分の力を発揮し，集団としての質を高めていくことが必要です。本校では，集団の質を高めるために，「リーダー制」を取り入れています。リーダーは，リーダーバッジを身につけ，ゲームの説明やお客さんへの対応といった仕事をしながら，自分の役割がうまくできずに困っている友達のフォローも行います。リーダーとしての自覚を育てるために，準備の段階からリーダーを中心に活動に取り組ませます。困ったときには，教師に助けを求めるのではなく，リーダーに尋ねさせるようにしました（写真4）。最初は対応に困っているリーダーも，開店準備を進めるにつれて周りの友達を意識した行動が見られるようになりました。リーダーとしてふさわしい行動が見られなければ，リーダーバッジは返却することになっているので，リーダーも必死です。「リーダー制」を取り入れることによって，リーダーには自覚と責任感が生まれ，周りの子どもたちにとっては，困ったときはリーダーが助けてくれるという安心感が生まれました。子どもたち同士のかかわりも増え，お互いを意識しながら行動しようという意識や，リーダーにあこがれて次は自分がなりたいという意欲にもつながっています。リーダーを中心に，子どもたちが積極的にかかわり，お互いを認め合いながら活動することで，集団としての質は高まっていくものと考えます。

写真4　協力して解決する様子

●集団の質を高める環境設定
　みんなで一つのものをつくるという意識を育てるために，お互いの仕事が見えるように図1のような学習環境を設定しました。ゲームの進行について

も，ゲームの説明（店長・リーダー）→道具を渡す（道具係）→スタート合図（時計係・音楽係）→記録の集計（記録係）→表彰（メダル・スタンプ係）というように，それぞれが役割を果たさなければ次に進まないようになっています。これは，集団の一員として役割を果たすという点で非常に重要です。自分が役割を果たさなければゲームは成立しないということを理解することで，自分の役割への責任感や自覚が生ま

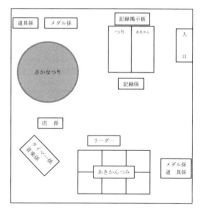

図1　学習環境設定

れ，周りの友達を意識しながら自分の役割を果たすことにもつながっています。環境設定や進行方法を工夫することで，チャレンジランド全体の仕事が見えやすく，個々が自分の役割を果たすだけでなく，全体を把握した上で，お互いにかかわりながら生き生きと自分の役割を果たすことにつながりました。

●自分たちで質を高める集団へ

　誰かを招待する活動を行う上で大切なことが，提供する商品の質や接客の質をどのように高めていくかということです。役割練習を始めたころは，教師が見本を見せたり，接客の支援シートを用意したりしながら，指導や支援を繰り返していました。しかし，接客の形は整うものの，支援シートを読み上げることに精一杯になったり，間違わないようにと固くなってしまったりする様子が見られました。そこで，目標チェックシート（図2）を活用して，自己評価の仕組みを導入しました。子どもたちは，

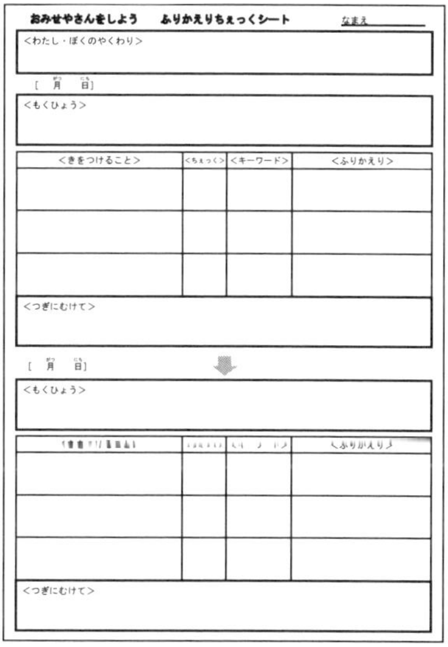

図2　目標チェックシート

第3章　生活適応教育の実際　145

自分で決めた目標を意識しながら活動に取り組み，活動を振り返りながら次に向けて取り組むことを考えます。ゲームの説明をするときに，支援シートを読み上げることで精一杯だった店長は，「お客さんを見て行動する」という目標を設定し，一生懸命交流相手の顔と名前を覚え，当日は，お客さんの名前を呼び，相手の顔を見ながら対応することができました。自己評価は，教師の支援より効果が大きく，自分たちでよりよいものをつくろうという意識を育てることにつながりました。教師は，個々に合わせた課題や支援を考えるだけでなく，子どもたちが自分たちで質を高めようとする意識を育て，自分たちで考え成長していける集団をつくるための支援や学習設定を考えていくことが大切です。

◆お客さんが喜んでくれたことを実感する経験

障害の有無に関わらず，子どもたちがともに集団を形成し，お互いを認め合いながら活動する交流及び共同学習を目指してチャレンジランドに取り組みました。その中でも，交流相手（お客さん）が同年代の小学生であることが重要なポイントです。同年代の小学生から感謝される体験をすれば，間違いなく喜びを実感することができます。小学生の感想は「ゲームの説明や係の仕事がとても上手でした。ここまでの準備ができるなんてすごいと思いました。」「ゲームは難しかったけど，とても楽しかったです。またやりたいです。」など非常に前向きなものばかりでした。夢中でゲームを楽しみ，喜んだり悔しがったりしている表情を見せてくれただけでなく，仕事ぶりや準備についても感心している様子でした。本校の子どもたちの感想は「○○ちゃん（交流相手の小学生）が喜んでくれてよかった。うれしい。」「いろいろなことがあって大変でした。でも，最後はみんな笑顔でした。」と，感想からもお客さんに喜んでもらえたことを実感し，それが自分の喜びになっていることがわかります。もっている力を精一杯発揮し，やり遂げたことを実感し，感謝される経験は子どもたちにとって大きな自信となるにちがいありません。こうした経験が生活の質を高め，生活意欲を育てることにつながっていきま

す。お互いが存在価値を認め合い，「よかった」「またやりたい」と思える関係性を築く交流及び共同学習ができたことは大きな成果です。さらに，その関係性を児童が主体的にかかわり，築くことができたことに大きな意味があります。

まとめ

　キャリア教育は，一番に変わるべきは教師であることを教えてくれています。教師の意識が変わることで，同じ生活単元学習でも授業内容が大きく変化しました。生活単元学習は，子どもたちの生活をより豊かにするためのものであるという目的を教師が共通認識することで，子どもたちの主体的な行動を引き出すための支援，集団の質を高めるための支援を重視することへとつながりました。子どもたち一人一人が，自信をもって，生き生きとした表情で小学生と交流する姿は，今回の取り組みの大きな成果です。子どもたちが主体となって関係性を築き，お互いを認め合いながらともに学ぶ姿に感動しました。交流及び共同学習で目指すべき，お互いにとって社会的役割を向上させる学習であったと考えています。それと同時に，子どもたちは子どもたち同士の関係性，集団の中でこそ成長していけると確信しました。

　生活単元学習で取り組んできたことが，生活の場面でも着実に児童の主体性につながり，集団としても成長していることを感じています。生活単元学習は子どもたちにとって，よりよい集団，よりよい生活をつくろうという意識を育て，将来の働く意欲や人生の質を高めることへとつながる学習であると考えています。

❸ 中学部の生活単元学習
「地域の人を屋台に招待しよう」

取り組みの概要と成果

　中学部の生活単元学習では，地域生活での人とのかかわりの中で，主体的

第3章　生活適応教育の実際　147

に自ら気づき判断しながら課題を解決する力を育てるために，地域生活とかかわりがもてる単元設定を重視しています。「お店屋さんをしよう」の単元では，集団の中で人とかかわりながら，自分の役割に対する責任感をもって取り組み，地域の人から喜ばれたり，感謝されたりすることで貢献を実感し，自分の存在価値を高めることができる授業づくりを目指しています。このような子どもたちの内面に焦点を当てた取り組みにより，子どもたちは人との関係の中で自分の役割を意識し，思考を働かせて正しい方法で力を発揮することができます。またこのことで「内面」の育ちが期待できると考えます。

はじめに

　中学部の生活単元学習では，小学部または小学校で育んだ家庭生活や学校生活での意欲を，地域生活で発揮できるようにするために，生活の質と幅を広げ，地域生活とかかわりがもてるような単元や集団としての責任を果たす課題を重視しています。それは，中学生として，地域生活の中で人とかかわりながら，主体的に自ら気づき判断しながら課題解決に向き合う力を育てたいからです。そこで，子どもたちの内面（意識・意欲・主体性）に焦点を当て，地域生活の中で自分の役割に責任をもって取り組み，貢献を実感することで，自分の存在価値を高めることができる授業づくりを追求したいと考えています。

　中学部では，近隣の老人クラブとの交流を中心として，多くの地域の方々と積極的にかかわる学習を設定しています。その一つが，年間2回取り組んでいる「お店屋さんをしよう」の単元です。設定理由は，①地域の人とかかわり，喜ばれたり，感謝されたりする学習設定ができる②主体的行動を引き出す思考力，判断力，見通す力を高める体験学習ができる③集団の中で人とかかわりながら，自分の役割に対する責任感をもって課題を遂行することができる④課題解決のプロセスを意識レベルで評価し，内面の変容を図ることができると考えているからです。

毎回，子どもたちが「やってみたい」「お客さんが喜んでくれそう」という視点から内容を考えています。今回紹介する単元は，「地域の人を屋台に招待しよう」です。日頃から交流している老人クラブや，宿泊学習や職場見学，福祉サービス等でお世話になっている人たちに感謝の気持ちを込めて招待することになり

写真1　屋台まつりの様子

ました。10名（中3：1名，中2：5名，中1：4名）の子どもたちが，お客さんが喜んでくれそうなメニューを考え，2名ずつペアになって5つの屋台（大学芋・クレープ・スープ・たこ焼き・お茶）を出しました。お客さんが自由に楽しめるように子どもたちが「屋台まつり」と名前を決め，屋台の雰囲気づくりにも努めました（写真1）。何よりも，お客さんが「本当に来てよかった」と思える店にすることが大事であり，子どもたちがお客さんに

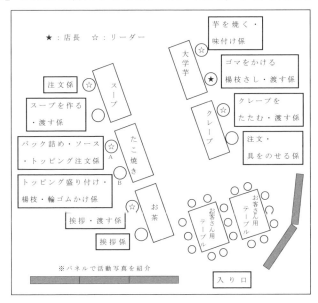

図1　「屋台まつり」場の設定と役割分担

第3章　生活適応教育の実際　149

喜んでもらえたという確かな実感をもつためにも，品質の良いものを見栄えよく提供することにこだわり，一人一人の子どもたちが受け持つ役割の価値を高めることを重視しました。

指導の実際
◆**集団の質を高め，人と積極的にかかわる姿を引き出す工夫**
●子ども同士の直接的なかかわり（お互いが認め合う関係性）

　自分の前後で仕事をする人とやりとりが必要な課題や，仕事の進度に合わせて判断しなければならない課題など，ペアで協力したり，タイミングを合わせたりする必要性のある課題を設定することを心がけました。例えば，たこ焼き屋では，Ａさんが聞き取ったトッピングの注文をＢさんに伝えるとき，Ｂさんが見てわかる支援カードを置きながら確実に伝えました。（写真2，図2）また，Ｂさんがお客さんの対応をしている間は，Ａさんは次の注文を回さないように，Ｂさんの進度に合わせて注文をとるようにしました。

　さらに，中3の生徒1名を店長に，中2の生徒5名を各屋台のリーダーにすることで，上級生としての責任感と自覚を高めたり，仲間を意識し，協力するかかわりを促したりできるのではないかと考えました。店長やリーダーの中には，障害の重い子どももいましたが，あえて役割を与え，サポートをしながら

写真2　たこ焼き屋での
　　　やりとりの様子

図2　たこ焼きトッピング支援カード

も成功体験で終われるように配慮しました。その結果，普段の学習では達成感を味わいにくい店長が，閉店後「お客さんがたくさん来てくれて，とっても楽しかった。」と感想を述べたとき，その言葉と表情から「できた。喜んでもらえた。嬉しい。」という気持ちがあふれ，充実感が漂っていました。

障害が重くても，貢献を実感できた瞬間ではないかと思います。

●お客さんとの立場の違いや，お客さんの気持ちを意識する対話的なかかわり

　学習の導入では，教師によるお店でお客さんの立場を体験させ，「お客さんが喜ぶことは何か」「どうすればお客さんが喜んでくれるのか」という視点で考えさせたり，判断させたりしました。また，各屋台で2人ともお客さんと対話できる学習設定を行い，直接お客さんの言葉や笑顔を受け取ることができるようにしました。接客の質は，人との関係の中で身につける力と考えているからです。屋台当日は，お客さんと自然に対話する姿が多く見られ，子どもたちからは「おいしいねって言ってくれた。」「上手だねってほめられた。」などとお客さんとのやりとりを楽しみ，喜ぶ感想が多く聞かれました。お客さんからも，「話しかけてくれて嬉しかった。」「生徒と触れ合うのが楽しい。」という感想を頂くことができました。結果として，全員がお客さんに喜んでもらえたという確かな実感をもち，人との関係の中でできる力が育ったと思います。

●集団として，一つの目的を意識する学習設定

　「なぜ，何のため」の学習なのかを意識させるために，毎時間学習の導入では，個人の目標だけでなく，集団としての全体目標を意識する学習を行いました。「お客さんに喜んでもらうために，みんなで頑張らなければ目標は達成できない」こと，「そのために自分が頑張ることは何か」を考えさせました。そうすることで，「みんなで頑張っていること」「自分が集団に必要な存在であること」を意識し，自分の役割を果たそうとする責任感につながりました。さらに，集団を意識するためにおそろいのユニフォームを取り入れ，子どもたちの意見から，屋台のイメージに合う法被を着ることにしました。さらに，ペアを意識するために屋台毎に色違いのバンダナもしました。目的やイメージを明確化でき，課題解決の意欲にもつながったと思います。その結果，お客さんに喜んでもらうために，「笑顔」「元気な声」「丁寧な話し方」を意識するようになり，判断に迷ったときには「お客さんが喜ぶのはどちらか」という視点で考えられるようになりました。

第3章　生活適応教育の実際　151

◆自分の役割に責任をもち，主体的に役割を果たそうとする姿を引き出す工夫
●見通しをもってわかって取り組める課題設定

一人一人がもっている力を最大限発揮できる課題設定と，課題性のある学習設定を心がけました。子どもたちの実態から「現状より少し高い課題」「できるようになる課題」は何かを考え，子どもたちが「これまではできなかったことをやり遂げることができた」という成功体験を積むことができることを重視しました。そのためには，見通しをもたせる手立てが必要なので，仕上がりの見通しをもたせる視覚支援（図3）を用いたり，目標を達成させるためのポイントを明確化させるワークシート（図4）を使用したりしました。必要に応じて，目標達成のためのキーワード（図5）を手元に置いて活動しました。これらの手立てにより，子どもたちが良い結果のイメージや課題解決の見通しをもつことができ，主体的行動を引き出すことができました。

●自ら気づき・思考し・判断しながら，正しく確かな方法で課題ができるための支援

中学生として，自分の役割をよりよく果たし，貢献できた実感をもつためには，社会で通用する正しく，確かな方法で取り組もうとする力を育てる必要があります。そうでなければ，貢献を実感し，自分の存在価値を高めることができないからです。「正しく確かな方法で取り組まなければ成功しないこと」「なぜそうしなければならないのか」「どうすれば目標を達成で

図3　クレープの仕上がりの見通しをもたせる視覚支援

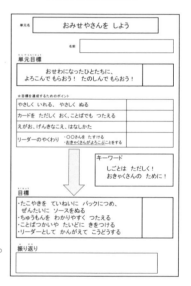

図4　目標確認・自己評価ワークシート

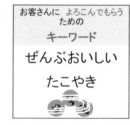

図5　目標を達成させるためのキーワード

きるのか」を意識させるために，子どもたちが自ら気づく支援，課題解決のプロセスに働きかける支援を心がけました。また，使う道具や材料も，できる限り社会生活に近いものを選び，社会生活に近い対応で認められることをねらいました。その結果，始めは自分勝手な方法で取り組もうとしていた生徒も，正しく仕事をすることで認められることを行動を通して実感し，正しくできなかった物はお客さんに出さないという意識が育ちました。

◆子どもの意欲を引き出し，持続させるための工夫
●ワークシートを活用したわかりやすい評価基準と，意識レベルでの評価

　子どもたちにわかりやすい評価基準を考えたとき，目標確認をするときのワークシートを活用することにしました。役割を確かに果たすことができれば，良い結果につながることを意識できると考えたからです。振り返りで自己評価することを重視し，必要に応じて活動風景の映像も活用しました。振り返りで心がけたことは，子どもたちの課題解決のプロセスを意識レベルで肯定的に評価することでした。子どもたちが望ましい行動を自分で考え，判断できた過程，その意識を評価するようにしました。つまり，子どもたちが自分で評価したことを評価するようにしました。そうすることで，子どもたちが役割を確かに果たしたことにより「お客さんが喜んでくれた」という結果を実感し，それを成功体験ととらえられたことで，「次もやってみよう」という内面の変容につながったと思います。

●喜びを実感できる，お客さんに感謝される学習設定

　お客さんに感謝される学習設定をすることが一番の課題でした。「お客さんが喜んでくれた」という実感が，「自分がお客さんに喜んでもらえる活動ができた」という喜びの実感となって，初めて自分の存在価値

写真3　屋台の看板

が高まると考えたからです。そのために子どもたちは、お客さんが気をつかわずに自然に楽しめる「屋台まつり」を考え、屋台の看板や空間づくり、バックミュージックなどにもこだわりました（写真3）。

子どもたちのお客さんに楽しんでもらおう、喜んでもらおうという気持ちが、活気ある屋台の雰囲気を作り上げ、お客

写真4　多くのお客さんで賑わう「屋台まつり」

さんは子どもたちの声に呼び寄せられるように次々と屋台をめぐり、おいしい品物を口にして笑顔があふれていました。そのようなお客さんの姿を見て、子どもたちからは「お客さんが賑やかだった。」「お客さんが笑ってた。」とお客さんが喜んでくれたことを実感できていました。また、「本物の屋台の人みたいって言われた。」「おいしかったから来年もしてねって言ってくれた。」など、自分たちの仕事ぶりを認めてもらうことで、自分の価値を実感することもできていたと思います。

まとめ

子どもたちそれぞれが、この学習を通して自分の役割と真剣に向き合い、貢献する活動を積み重ねることができました。中でも、店長やリーダーとなった子どもたちは、能力には差があるものの、全員が「自分は店長である」「リーダーである」という意識をもち、自分の役割だけでなく「屋台まつり」の成功のために全体を見て思考を働かせ、責任感をもって行動しようとしていました。生活単元学習以外の学習場面でも、上級生としての自覚が高まり、仲間を意識して行動し、協力しようとするかかわりが見られるようになった生徒もいました。このような変容は、この学習を通して「内面」が育った証拠であると確信しています。この学習を最後までやり遂げ、自らの貢献と、存在価値が高まったことを実感できる十分な学びがあったと考えています。

(3) 職業生活への適応学習の実際（作業学習）

　職業生活への適応学習は「貢献を実感する学習（一人で質の高い仕事をする学習）」「職業人として必要な対人的行動を身につける学習」です。自覚と責任感をもって質の高い仕事を行い，働く意欲を高めることがねらいです。

　ここでは，このねらいに沿って，貴重な実践を行っている福井県立嶺南西特別支援学校の作業学習の事例を紹介します。教師の支援を受けず，質の高い見事な製品づくりができている授業の在り方に注目してほしいと思います。

❶ 嶺南西特別支援学校の作業学習

　本校の作業学習は働く意欲を高め，職業生活の質を高めることを目標に取り組んでいます。

　特徴的なのは，すべての作業学習において名人制度を取り入れ，自ら努力してスキルアップを図る学習を設定していることです。名人制度とは，一定のスキルを身につけ，一人で質の高い作業ができる生徒を対象に，名人検定を行った上で「名人」として認定する制度です。名人になった生徒は，周りの生徒からも，先生からも一目置かれる存在となっており，名人としての自覚と責任感をもって作業に取り組んでいます。また，名人になった人は他の生徒を指導するという役割も担っています。先生が指導するというよりも子ども同士で学び合いながらスキルを高めていくという連帯感が生まれており，信頼関係が自然に高まってきています。多くの生徒が名人を目指して取り組んでいるために，生徒たちの作業に取り組む姿勢，全体の雰囲気には真剣さと活気が満ちています。何よりも，すべての子どもに働く意欲が感じられます。これが本校の作業学習のよいところだと思っています。

　さらに本校では，作業の計画性や継続性，一貫性を考慮して中学部と高等部合同で作業学習を行っています。これも他校では見られない取り組みです。中学部，高等部を分けずに，５年間（中学１年は対象外）を通して働くことを学ぶ方がより職場に通用する働く力を身につけられる，と考えるからです。事実，中学部の子どもは先輩の働く姿を直に学び，働くことの意味や重要性

第3章　生活適応教育の実際　155

をしっかりと認知できるようになりました。また，高等部の子どもは，中学部の子どもの模範にならなければいけないという意識が芽生え，作業学習に取り組む姿勢が変わってきています。

　「子どもたちだけで周りに高く評価される質の高い作業を行う」これが本校の作業学習が目指していることです。

❷ 木工作業
「名人検定を取り入れ自らスキルアップを目指す木工作業」

中学部高等部合同作業　木工班

取り組みの概要と成果

　木工班では，名人検定を取り入れたことで，生徒の作業意欲が高まり，主体的に作業する姿が増えてきました。名人検定を受ける過程で，生徒は，完成後の製品をイメージして作業の見通しをもち，手順書を読み解いたり，名人検定評価基準に従って自己評価したりすることで，思考，判断を繰り返し行いながら作業することができました。このことで，正しいやり方で製品をより丁寧に仕上げようという意識が高まりました。また，名人検定評価基準をもとに，努力を重ねて自ら技術を高めていこうとする姿が見られるようになりました。検定に合格して名人になった生徒は，製品づくりに対する自覚と責任感がより強くなり，周囲の生徒からも認められ，木工班の中で存在感を高めることができました。

　教師は，生徒が思考，判断する過程を重視するようになり，生徒の気づきを誘ったり，生徒が肯定的に正しく自己評価できるための支援を行ったりするようになりました。このことで，結果よりプロセスを重視した評価，量より質を重視した作業への転換を図ることができました。

はじめに

　名人検定を取り入れた木工作業では，次の3点に重点を置いて指導します。1つ目は，思考，判断，見通しを伴った作業を行うことです。組立のような複雑な工程はもちろん，印付けや穴開け等の比較的単純な工程においても生徒が思考，判断をしながら作業できるようにします。2つ目は，作業意欲や存在感を高める作業を行うことです。生徒が名人になろうと努力する過程を大切に指導し，名人になった生徒と名人を目指している生徒同士のかかわり合いの場を設定します。3つ目は，正しく自己評価ができる作業を行うことです。名人検定の評価基準を日々の授業で活用し，生徒が主体的に自分の作業のやり方を振り返ることができるようにします。

　本作業班では，以上の3点に重点を置いて指導することを通して，生徒一人一人の正しく確かな作業が質の高い製品の仕上がりにつながるという自覚を高め，個々の役割を果たそうとする責任感を育てています。また，「お客様に使いやすいと喜んでもらいたい」という目的意識を，すべての工程においてもてるよう指導支援を行っています。

指導の実際

◆名人検定評価基準を活用した作業学習

　本作業班では，工程ごとに名人検定評価基準を設定しています。作業の準備，実際の作業，後片付けまでの一連の活動を課題分析し，一つ一つの項目を評価の基準としています。ある工程を学び始めて間もない生徒は，この名人検定評価基準を見て自己評価しながら作業を進めます（写真1）。教師は生徒の自己評価の正しさを評価するようにし，作業結果は生徒が自分で判断できるようにしています。

写真1　自己評価しながら作業する生徒

第3章　生活適応教育の実際　157

◆思考，判断，見通しを伴った繰り返し作業
●完成後の製品の映像化を行う作業

　作業学習において，工程が単純であるほど，生徒の思考・判断を促すためには教師の支援が大切であると考えます。ここで紹介するのは，Ａさんの印付け・穴開けの取り組みです。Ａさんが節や汚れを手がかりに材料の良否判断をする際，自分の判断に自信がもてず，判断が正しいかどうか教師に確認することが何度もありました。そこでＡさんが印付け・穴開け作業を行う際に，名人検定評価基準「印付け」の項目にある「印付け面を判断する」を取り上げ，以下のような学習を行いました。

ア）完成した製品の実物や写真を見て，加工する材料がどの部分にあたるか考える。

イ）完成後の製品と同じように実際に材料を並べ，材料のどこに木ねじを打つのか確認する。

ウ）並べた材料を見て，使う人から材料のどの面が見えるかを考えて，教師に説明する。

写真2　完成後の製品の映像化

　ア）～ウ）の学習を繰り返すことで，Ａさんは完成後の製品の映像化をして作業ができるようになっていきました。完成後の製品が映像化できるようになると，Ａさんは今から加工する材料が製品のどの部分になるか，どのように加工すればよいかがわかるようになっていきました。さらに，現在の自分の作業と製品を作る工程全体の見通しがもてるようになりました。その結果，自分の判断に自信がもてないときの質問が少なくなり，ほとんどの作業を一人で進められるようになりました。また，手順書や製品の実物を手がかりに木ねじの位置を確認し，どの面に印を付けるかを自ら思考・判断して作業を行うようになってきました。印を付ける面を思考・判断して作業することを繰り返すと，初めて加工する製品の材料でも実物や手順書を手がかりに正しく作業を行うことができるようになりました。Ａさんは名人検定評価基準の一項目に基づく学習を繰り返し，適切な思考・判断を積み重ね，目的的行動を繰り返していく

ことができました。

● 評価基準の事前学習

　電動サンダーを使用して木材の角を丸く削る面取りの工程で，Bさんはどの程度削るのが正しいのか理解が難しい状態でした。知的障害が重度で，名人検定評価基準の内容を理解することが難しかったほか，教師が見本を見せても面取りの程度を正しく理解することができませんでした。そこで，実際の面取り作業を行う前に，名人検定評価基準「サンダー面取り」の項目である以下の3点について判断する学習を設定しました。

・面取りする面を確認する。
・面取りする辺を片減りしないよう水平に押し当てる。
・材料の切断面全体に少し丸みがつくまで面取りする。

　事前に教師が木片のサンプルを数枚用意し，角をさまざまな程度で削っておきます。適切な程度で削ってあるものの他には，削りすぎているもの，片減りしているもの，削り方が足りないもの，削っていないもの等を用意しました。まずはBさんに適切な程度で削ってある木片を渡し

写真3　基準の事前学習

ます。Bさんは木片を手にとっていろいろな角度から眺めました。次に教師は木片の面取りしてある辺を指の腹でゆっくりなぞらせて確認させました。今度は，さまざまな程度で削った木片を順に渡し，見たり触ったりして確認させました。最後に木片を机上に並べ，どの木片が適切に面取りしてあるかを○×カードを木片の上に置かせて判断させました（写真3）。最初は正しく判断できませんでしたが，繰り返していくうちに適切な程度で面取りしてある木片を選ぶことができるようになりました。作業前に基準をしっかり学

第3章　生活適応教育の実際　159

習したことで，実際の作業では木材の角を指でなぞったり，事前学習で使用した木片と材料の木材を比べて適切な面取りの程度を確認したりする様子が見られました。Bさんは，これ以降の作業でも木材一つ一つをよく見て，思考，判断しながら面取りを繰り返すことができました。

◆作業結果より，思考・判断のプロセスを評価する教師の支援

　作業学習で教師が行う評価は，これまで作業の結果に対するものが多かったように思います。本作業班でも，「穴開けが失敗せずにできました。」「目標の数だけ作れました。」というような振り返りがよく見られました。しかし，名人検定を取り入れ，名人検定評価基準に基づく学習を行う中で，教師は生徒が思考・判断するプロセスに着目できるようになってきました。

　写真4・5は，卓上ボール盤を使用した，穴開けの深さ調整をしている場面です。このときのCさんの課題は「ドリルの刃を真横から見て深さを確認すること」でした。課題をCさんと確認し，いざ作業を始めるとCさんは写真4のように立った状態で深さ調整を始めました。立った状態で刃を上から見て深さ調整をすると，見た目より深さが浅くなってしまいます。ここで教師はこの場面（写真4）を撮影し，深さ調整ができたと言うCさんとともに写真を見て課題が達成できたかを確認しました。生徒は写真を見るなり「あっ…。」と気づき，「横から見ませんでした。もう一度やった方がいいです。」と答えました。写真5はその後の様子です。刃の高さに目線

写真4（左）　立った状態での深さ調整
写真5（右）　刃の高さに目線を合わせた深さ調整

を合わせ，真剣な顔つきでドリルの深さを調整していました。写真を見ることで自分でやり方の間違いに気づき，作業の仕方を変えることができるようになりました。言うまでもなく，これ以降の穴開け作業では，刃の高さに目

線を合わせた深さ調整ができ，実際の作業結果も適切な穴開けを継続することができました。穴開けの結果だけでなく，自分が何に気をつけて深さを調整するかという思考・判断のプロセスを大切にし，生徒がそこに気づくよう教師が支援したことで，確かな作業につなげることができました。

◆名人を目指し，自らスキルアップしていく作業

　名人検定を取り入れる以前の支援では，主に教師が生徒の課題を見つけて指摘するとともに改善方法も指導することで，スキルを高めることをねらってきました。しかし，そうした支援は生徒にとって受動的で，自らスキルを高めようとする意識をもちにくいという反省がありました。名人検定を取り入れたことで，自らスキルアップしようとする生徒の主体性が見られる場面が増えました。

　主に組立の作業に取り組んだ1年生のDさんは，手順書を読み取る理解力はあるものの，一人で質の高い製品を作るには，スキル面で不十分さが見られました。自信がついてきた頃に一度名人検定に挑戦しましたが，スキル面が課題になり，名人になることはできませんでした。これを機に，Dさんは名人検定合格を目標に，名人検定評価基準を用いて作業に取り組み，以下の項目が不十分であることに自ら気づくことができました。

・手順書に沿った順序で組み立てることができる。
・汚れや節の有無から美しい仕上がりに配慮できる。
・材料を傷つけずに組み立てることができる。

　名人検定合格に向けての課題が明確になり，しかもそれに自ら気づいたとあって，常に課題を意識して取り組むことができ，2回目の名人検定で合格することができました。

　名人を目指して取り組む過程で，Dさんは目標達成に必要なスキルについて自ら考えることができるようになりました。「どのような場合に電動ドラ

イバーのトルクを強めるか」,「材料を傷つけないためにはどうするか」等,自分なりに創意工夫する場面が見られました。また,働く場におけるソーシャルスキルの向上も見られました。教師への質問や確認の際,態度や言葉遣いへの意識が高まるとともに,質問内容もより具体的になり,自分の考えを交えて話

写真6　組立をするD

せるようになりました。さらに,名人検定に合格して終わりではなく,合格による自信と自覚の向上から,使う人を意識した今まで以上の品質向上を目指し,製品の質に妥協しない自分への厳しさをもちながら取り組めるようになりました。

◆名人として,後輩と協働作業をしながらスキルアップしていく作業

　名人になることができた生徒には,他の生徒からの作業に関する質問に答えたり,作業のやり方を指導したりする場面を設定していきます。写真7は組立名人になったEさんが,後輩の中学部生徒Fさんと協働で組立をしながらやり方を指導している場面です。この実践では,手順書の理解が難しい自閉症のFさんにどう伝えるとわかってもらえるかという伝え方の工夫がポイントになりました。

　取り組み当初,Eさんが一生懸命言葉で説明をしましたが,説明が長くなるほどFさん

写真7　組立名人が後輩に教える様子

にはうまく伝わりませんでした。そこで,Eさん自身がどのように組立の仕方を覚えてきたのかを振り返ることにしました。するとEさんは,名人検定に挑戦することを通して,教師に見本をたくさん見せてもらったことや,失敗したときにどう対処するとうまくいくか一つ一つ覚えてきたことを思い出しました。これ以降,言葉の説明を減らしてFさんにやり方の見本を見せて

伝えたり，自分の過去の失敗から大切なことを前もって伝えたりする姿が見られました。こうしてコミュニケーション面の向上が見られたとともに，Fさんに何度も見本を見せることを通し，Eさん自身の作業スキルも精度を高めていくことができました。

まとめ

　名人検定を取り入れた作業学習を行い，3つの重点を置いて取り組みました。1つ目の思考，判断，見通しを伴った作業を行うことで，生徒が作業の意味を理解し，製品の質が高まるように工夫できるようになってきました。また，状況に応じて考えることが習慣化でき，違う場面でも対応しようとすることが多くなりました。つまり，作業学習に対する生徒の姿勢が目的的になり，主体的行動の応用または般化が図れるようになってきたと言えます。2つ目の作業意欲や存在感を高める作業を行うことで，自分の作業に対して出来栄えを厳しい目で見たり，周囲で作業する生徒に対して目配りができたりするようになってきました。このことで，製品の品質と生徒間の関係性が向上しました。3つ目の正しく自己評価ができる作業を行うことで，適切な思考，判断を積み重ね，個々のスキルの積み上げができました。このことで，目的的行動による思考判断のパターン化ができ，安全で質の高い作業につながりました。

　名人検定の成果は，作業学習以外の場でも好ましい変化として現れていま

写真8　名人バッジ

写真9　各工程における名人たち

第3章　生活適応教育の実際　163

す。一度検定に落ちても再挑戦して組立名人になったＤさんは，生活のあらゆる場面で，今の状況をどうしたら改善できるかということを教師によく尋ねるようになりました。また教師に指示されなくても，大切なことを自分からメモを取るようになりました。名人検定に取り組む過程で学んできたことを実生活で生かすことができてきたのです。本校の生徒が名人を目指して努力を重ねたことの一つ一つが，働く人としての土台を確実なものにしているように思います。

❸ 陶芸作業
「買い手を意識して質の高い製品を作る陶芸作業」

中学部高等部合同作業　窯業班

取り組みの概要と成果

　窯業班では，一般客への販売に加え，カフェやホテルからの注文を受けてきました。特に地元のカフェで，本校の製品を使用してもらったことで，その質のよさが口コミで広がり，販売会には多くのお客さんが来てくれるようになりました。さらに，店主からお客さんが喜ぶデザインを聞いたり，学校祭ではお客さんに直接希望を聞いたりしました。これらは買い手に喜んでもらえる製品を作ろうという生徒たちの意欲の向上につながっています。

　また，「よりよいものを作る」という生徒の意識をレベルアップした結果，個々が納得いくまで真剣に考えながら製作に取り組むようになりました。そして「名人」になると，今度は自分の技術を後輩にわかりやすく伝えようと，さらに考え，工夫するようになりました。こうして一人一人が自分の力に応じて考え工夫しながら作り上げた製品が目の前で飛ぶように売れる喜びを感じることができ，生徒たちの製作意欲はさらに高まっています。

はじめに

　窯業班では,「働く意欲を高める作業」,「存在価値を高める作業」を常に意識しながら授業に取り組んでいます。製品には,窯業班「山桃工房」のシンボルである「山桃」の印を押し,ブランド化を進めてきました。近年,本校で製作した器を使用してくれている地元のカフェからの発信で,学校祭やその他の定期的な販売会での売上げが大きく伸びてきました。そこで,このたくさんの買い手を意識し,買い手との関係性を重視した取り組みをさらに進めていくことが,より質の高いものを作りたいという生徒たちの意欲につながるのではないかと考えました。

　窯業班では,こうした「買い手を意識すること」に加え,作業班共通の名人制度を取り入れ,技術だけでなく挨拶や返事等でも手本となる名人が,初めて製作をする生徒を指導するという学習場面も設定することにしました。そしてこれらの取り組みが,生徒たちが自分は認められている,必要とされている,役に立っていると感じるために有効ではないかと考えました。

指導の実際

◆買い手を意識する

　窯業班で作っている製品は,販売会等で個人に買ってもらうだけでなく,飲食店や企業に業務用としてまとめて買ってもらったり,先方の要望を聞いて製作したものを納品したりしています。特に,近年は地元のカフェ「cafe watoto」にたくさんの製品を買ってもらっています。そこで,そのカフェに協力してもらい,作業学習において生徒たちが貢献を実感でき,買い手と関わることのできる機会を設定しました。

写真1　カフェの店主を招いての授業

　まず,10月に「cafe watoto」の店主を招き,生徒たちが買い手とかかわり,話を聞く場を設けました。普段の製作の様子を初めて見てもらったところ,

その記事を店の「Instagram」にのせてくれました。さらにその場で20点ほどの製品を買ってもらい，生徒たちは目の前で製品が売れる喜びを実感することができました。自分たちが作った製品が多く必要とされていることを感じ，驚きと嬉しさを隠せないといった様子を見せる生徒もいました。

12月には校外学習で「cafe watoto」を訪問しました。事前学習であらかじめ店に質問する内容を相談して決め，思い思いの質問をメモ帳に書いて当日持参しました。店の計らいで，本校で製作した角皿とパスタ皿，ご飯茶碗，

写真2　授業後の記事（「Instagram」へ）

ケーキ用皿を使った料理を出してもらい，生徒たちは本当に嬉しそうな表情を見せていました。人気のデザインや今後の要望等を聞き取り，次回の販売会に向け，よい製品を作ろうと意気込む生徒たちの熱い思いが見て取れました。

写真3　本校の皿やカップに盛りつけられたランチ　　写真4　デザート

このように，「cafe watoto」との関係を築き，先方の協力を得て生徒たちに貢献を実感できる場を設定したことが生徒たちの意欲向上につながっていることは言うまでもありません。そこでさらに，買い手のニーズをより広く知り，製作のヒントを得るために，学校祭での販売会に来てくれたお客さんにインタビューを行いました。「cafe watoto」による情報発信をもとに本校の製品を知ってくれたお客さんが多く，買い手と窯業班の新たな関係がたくさん生まれる場ともなりました。お客さんの回答から，どのようなデザイン

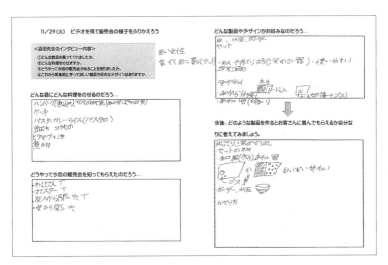

図1　販売会の振り返りワークシート

が求められているのかを把握し，次回の販売会に向け，施釉（せゆう）のルールを教師と確認しながら，ニーズに応える製品づくりを目指して取り組みました。

お客さんの生の声を聴くことができたのは実に効果的で，生徒たちが考えるデザインはこれまでと比べ大きく変化しました。これまでは教師が直接的な色やデザインのアドバイスをしたり，生徒たちがそれぞれに思い思いの絵を描き，色をつけたりしていたのですが，お客さんのニーズに応えようと，買い手の視点に立ち，「これなら売れる」と自信をもって施釉に取り組むことのできる生徒が現れ始めたのです。

3学期の販売会には生徒たちが施釉した製品が多く並び，自分が作った製

写真5　3学期の販売会前の店内の様子

写真6　販売会時の様子

第3章　生活適応教育の実際　167

品が本当に売れるかどうかを間近で見る絶好の機会が訪れました。当日は開店前から長蛇の列ができるほどの大盛況で，開店30分で大半の製品が売れるという大変喜ばしい結果となりました。

振り返りでは，たくさん売れたことを皆で喜ぶことはもちろんのこと，当日の映像や写真を参考に，売れ筋商品を分析して今後の製品づくりに向けてのヒントを見つけ出したり，お客さんにより喜んでもらうための手立てを考えたりという発展的な学習にも取り組むことができました。次年度の窯業班で取り組むこととして，窯業班独自のホームページを作ること，チラシを自分たちで作ること，他の作業班とコラボレーションすること等の意見が生徒たちの口から出てきました。生徒たちが自らの手で地域に貢献できる方法を考え，取り組み始めています。

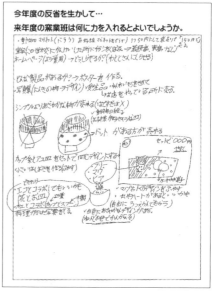

図2　次年度に向けてのワークシート

◆名人をめざす

高等部3年生のAさんは通年で窯業班に所属し，主に楕円皿やケーキ皿を製作してきました。当初，どうすればきれいな製品ができるか一人で考えて取り組むことが非常に難しかったのですが，教師の支援を受けながら時間をかけてじっくり皿と向き合うことで，自分で考えてよりよいものを作ろうと奮闘する様子が見られるようになりました。また，教師からのアドバイスを確実に取り入れようと努力したり，自分でコツを掴んでそれを繰り返し実践したりといった大きな成長が見られました。

特に大きな変化が見られたのは，切り針を使う工程とたたき締めの工程で

した。切り針でタタラ（粘土）を切る際，当初は型紙を押さえている左手が途中で離れてしまい型紙が動いてしまうことが多く見られました。しかし，左手を動かさず一度に切れる方法がないか本人に考えさせると，自分なりに試行錯誤を繰り返し，一筆で切る方法を習得することができました。また，たたき締

写真7　切り針で切る様子

めの工程においては，これまではタイマーを頼りに決められた時間たたき続けるだけであったのですが，自分で見たり触ったりして，自分で「できた」と思うまでたたいて報告するようになってきました。タタラが均等に伸びていなかったり，たたき過ぎて薄くなってしまったりすることもありますが，自分でよい製品を作ろうと一生懸命に考えながら製作をすることができるようになりました。納得がいくまで丁寧に取り組み，自己評価し，大きな声で「できたと思います」と報告ができるようになったところにも，製作への自信が表れています。

◆名人が後輩に教える
●小皿作り名人が中学部生徒に教える

　高等部2年生の5月に小皿作り名人に認定されたBさんが，6月から中学部のCさんに皿づくりの基礎を教えることになりました。そこで，教える前に，名人としてそれぞれの工程をどのように教えたいと思っているか確認をしました。すると，手順に沿って教えるのはもちろんですが，特に「粘土の色は4種類あって，タタラ板やガーゼ，粘土を戻す場所がすべて色分けされていること」と「山桃工房のブランド印『山桃』は，向きと深さが均一になるように押さないといけないこと」の2点を重点的に教えたいとのことでした。そして，名人自ら指導用のプリントを作成し（図3，図4），それをもとに指導を開始しました。

第3章　生活適応教育の実際　169

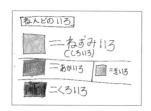

図3　名人作成プリント「粘土の色」　　図4　名人作成プリント「はんこの押し方」

　最初は,「教えたい」という気持ちが強く, 相手の視線や反応を確認しないまま, ひたすら手順や注意点を説明していました。そこで, 教えているときの2人の動画を撮影しておき, 次の授業の最初に教師と一緒に映像を見ながら振り返りをしました。そして, どう教えると後輩にとってわかりやすいかを確認してから指導を開始することを繰り返しました。現在, 名人は, 後輩の製作を頭ごなしに否定することは一切ありません。できているところをまずほめ, 直すべき点は「今回は残念ながら×です。こ こはこういう風になっていると, もっとよ

写真8　教師とともにCへの指導を振り返る

写真9　指導の様子

かったです。次, 頑張りましょう。」とアドバイスします。Bさんは, こういったやさしい言葉かけができるようなすばらしい名人へと成長を遂げています。

● 中学部生Cの成長

　6月から7月にかけて, 名人からしっかり指導を受けた結果, Cさんは夏休み明けの9月になっても, タタラ板やガーゼ, たたき締め用タンポ等の色を, きちんと粘土の色に合わせることができています。さらに先輩を真似て, たたき締めの具合を, 自分で見て, 触って確認するようになりました。「山桃」印の押し方はまだ不十分ですが, 印を粘土に置いて少し押しつけた後,

深さを前後から見て確認することまでできるようになってきています。

まとめ

　窯業班では，地元カフェからの情報発信を受けて新規のお客さんが増え，売上げが右肩上がりで伸びています。しかしそれで満足するのではなく，さらに質の高い製品を作ることを生徒たちが意識できるようにと，カフェの店主夫婦とのかかわりや販売会において，買い手の要望をじかに聞く機会を設けてきました。そして，生徒たちはその要望を確認しながら，デザイン画を描き，教師と相談しながら絵付けや施釉を行いました。

　製作においては，生徒たちが自ら「よい出来」の判断ができ，「よりよいものを作ろう」と考え実践できるようにと，教師のかかわり方が変わってきました。これにより，生徒たちは，納得がいくまで真剣に考えながら製作に取り組むようになりました。そして「名人」を目指すようになりました。

　「名人」には，習得した技術やよいものを作りたいという気持ちを後輩に伝えたい，後輩を名人に育て上げたい，自分も新たに別の製品の名人になりたいという熱い思いがあります。一方後輩には，先輩のようにいいものを作れるようになりたい，周りに気配りできるようになりたいという願いがあります。

　生徒たちは，販売会の度に開店前に行列ができ，開店と同時にお客さんが押し寄せ，あっという間に売れていくのを目の当たりにしています。また，お客さんから「○○がほしいです。もうないのですか。」と問われることもしばしばあります。こういった状況により，生徒の質の高い製品への製作意欲はさらに高まり，そして彼らの地域における存在価値もますます高まってきていると感じています。

第3章　生活適応教育の実際　171

❹ クリーン・サービス作業

「清掃検定を生かし地域への貢献を目指す清掃作業」

中学部高等部合同作業　クリーン・サービス班

取り組みの概要と成果

　この作業では，清掃の技術や態度の習得を目指し取り組んでいます。清掃検定は技術検定と名人検定からなり，技術検定では確かな技術の習得を目指しています。名人検定は，技術検定1級以上の生徒が，校内の広い範囲の清掃を生徒自ら手順を考えながら行ったり，校外の「まちの駅」において，身につけた技術を応用するための確認や研修を行ったりして認定されるものです。

　「生徒自身が意味を考えること」「生徒自身が言語化して説明すること」「生徒自身が気づくこと」「技術習得を目指す時，教師はスピードを求めないこと」「生徒が課題を意識し，自己評価をすること」に重点を置いて指導することで，生徒たちは自ら考え気づく経験を重ねました。さらに，身につけた技術や力を正しく応用して成功体験を積むことで，生徒が地域への貢献を実感できるようになってきています。

はじめに

　本校クリーン・サービス班は，高等部卒業後の就労において，近年増えてきたサービス業に対応できる力をつけることを目標とし，作業技術や思考・判断力，職業生活に必要なソーシャルスキルの習得を通して，職業観や勤労観を養い，技術や態度の応用般化を目指しています。実際の取り組みとして，清掃検定（技術検定，名人検定）を実施し，1級や名人になった生徒は実際の現場「まちの駅」で清掃作業を行い，地域に貢献していくことを目指しています。

指導の実際

◆清掃検定

　確かな清掃技術の習得を目指して，清掃検定を技術検定と名人検定に分けて取り組みました。また，技術検定で１級を取得した生徒については，身につけた技術を生かすために，校外清掃に取り組みました。校外清掃は，生徒たちが生活している地域の「まちの駅」で実施しました。

　この清掃検定は，清掃用具を使いこなすための検定を受けたり，１級取得や名人になったりすることが目的ではなく，段階を踏んで丁寧に技術検定や名人検定に取り組むことで，生徒が身につけた力を地域で発揮し，認められ，貢献を実感できるようにすることを目的としました。

●技術検定

　都立知的障害特別支援学校清掃技能検定を参考として，本校が独自に評価基準を設定しました。清掃用具を使用するときに求められる技術を細かく課題分けし，いくつクリアできたかで，10級から１級までを認定しました。これまで，実際に実施したのは，テーブル拭き，水モップ，ダスタークロス，自在ぼうき，掃除機の５種類です。

　求められる技術を細かく課題分けしたことで，生徒にとっては課題がわかりやすく，自己評価できるようになり，教師にとっては指導方法を統一することができました。また，技術だけに焦点を当てたことで，作業スピードが求められず，じっくりと練習をすることができました。また，「検定はいつですか。」や「まちの駅には，誰が行きますか。」と質問したり，失敗した検定項目を忘れないようにメモを取り，家でも復習したりするなど，清掃の力を身につけたいという意欲を見せる生徒もいました。

●名人検定

　名人検定は，技術検定で１級を取得した生徒のみ検定を受けることができることとし，学んだ清掃技術を使って，効率を考えながら校内の広い範囲を清掃したり，校外で清掃したりすることで認定されるものです。

　校内の清掃では，決まった手順や形は伝えず，生徒自身で考えないとでき

ない場面を選びました。また、人が通行したり、物が置いてあったりする場所で、状況に合わせた行動を生徒に求めました。

校外の清掃では、「まちの駅」で、プロの清掃員から指導してもらいました。校内の清掃では、自分のペースで清掃をすることも多いですが、実際の現場では、さらに作業スピードや効率が求められるようになります。そこで、身につけた技術をどれだけ生かすことができるかを確かめる場面としました。

また、状況に応じた礼儀や態度面についても検定の評価項目に加えました。名人検定に身だしなみや態度が含まれると、生徒たちは名人を目指していく過程で、はっきりとした返事や報告を心がけるようになったり、作業前に自ら身だしなみを整えるようになったりと、授業に向かう姿勢が驚くほどよくなりました。

名人検定は、校内の指定された3カ所(廊下、特別教室、ホール等)で行い、それぞれの場所について、拭き残しなく、効率よく清掃ができ、さらには礼儀や態度についても、すべてクリアした生徒に認定しました。

名人として「まちの駅」を清掃する場合は、生徒は自分たちで手順を考え、他の名人とも相談や協力をしながら清掃を行いました。そして、プロの清掃員に、「名人に相応しい仕事をしている。」と評価してもらうことで、生徒のさらなる意欲へつなげ、さらに、効率や仕上がり具合も考えながら、精度の高い清掃ができることを目指しました。そして、成功体験を重ねながら、生徒に地域への貢献を実感させたいと考えています。

写真1　小浜市まちの駅

写真2　プロの清掃員による指導

◆身につけた技術を生かせるように，生徒自身が考え行動する

　清掃技術が身についても，パターン化して習得した技術では，実際の場面で生かすことができません。この原因は，生徒たちが清掃技術を行動レベルで認識しただけで，意識レベルで認識していないことにあると考えます。そこで，技術を生かして生徒自身が考えながら行動し，自ら気づくことができることを目指して，「生徒自身が行動の意味を考えること」「生徒自身が言語化して説明すること」「生徒自身が不十分な点に気づくこと」「技術の習得を目指すときには，教師はスピードを求めないこと」「生徒自身が課題を意識し，自己評価をすること」に重点を置いて指導しました。

● 生徒自身が行動の意味を考える

　清掃をするとき，一つ一つの行動に対して，生徒に意味を考えさせました。まちの駅では，イス拭き清掃にも取り組んでいます。テーブルを拭くとき，テーブルに手をついてはいけません。しかし，イスの背もたれや座面を拭くとき，片手で押さえながら拭きます。初めてイス拭き清掃を行ったときに，背もたれを押さえる意味までは伝えませんでしたが，作業後の反省会で生徒にイスを押さえる意味に

写真3　イスの座面拭き

ついて質問しました。そのとき，「揺れないように押さえます。」と答えました。そして，その後も，毎回背もたれを押さえながら清掃に取り組んでいます。このように，行動の意味を生徒自身が考えることで，意味を理解せずに正しい技術や形を教えられるよりも，生徒の習得は早く確実でした。

● 生徒自身が言語化して説明する

　教師は，その都度理由を聞いたり，行動の根拠を確認したりして，生徒自身が言葉で説

写真4　清掃手順を説明する

第3章　生活適応教育の実際　175

明することを大切にしました。

　清掃を始めるとき，すぐに取り掛かるのではなく，生徒に清掃手順を考えさせて説明させました。最初は説明することが難しく，指示語ばかりだった説明を教師が一つ一つ言葉にしていくことで，生徒たちは自分の考えを整理できるようになりました。また，言葉にすることを繰り返すことで，場所が変わっても自分で考えながら行動できる場面が増えました。

● 生徒自身が不十分な点に気づく

　教師が生徒に理由や根拠を確認することに加えて，生徒自身が不十分な点に気づくことができるように，振り返りの場面で動画を用いました。生徒は，確かな技術を身につけるようになるにつれ，動画を見ながら自分の不十分な点に気づくことができるようになりました。また，友達同士で指摘し合う場面も見られました。

　自分自身で気づいたり，友達と指摘し合ったりする方が，反省点を素直に受け入れ改善しようと努力することができ，向上心をもって取り組むようになりました。

● 技術の習得を目指す時には，教師はスピードを求めない

　清掃技術の一つとして，効率のよいやり方の習得があります。しかし，生徒自身が考え，気づくために時間がかかることは，やむを得ないことです。そこで，技術検定では，確かな技術の習得を目指すために，生徒に作業スピードを求めないようにしました。また，時間を意識するあまり，雑な清掃を行うのでは意味がありません。時間がかかってもきれいにできたという達成感を味わうことで，よりきれいにしたいという気持ちを生徒がもてるようになるのではと考えました。生徒たちは，時間に追われることなく，じっくりと考えながら技術の習得練習に取り組みました。また，教師も余裕をもって確認をすることができました。

　逆に，名人検定では技術検定と違って，生徒自身に作業手順を考えさせ，手際よく清掃ができることを求めました。このように段階を踏んで取り組むことで，確かな技術の習得を目指しました。

●生徒自身が課題を意識し，自己評価をする

　毎回の授業では，それぞれの検定項目について，自分たちで評価を行いました。その評価表を大きく掲示し，常に生徒が確認して意識できるようにしました。また，自己評価の後，不十分な項目について，気をつけることを，生徒自身の言葉で書き込ませるようにしました。

　生徒は，課題が明確となり，作業の始めに確認することで，課題を意識しやすくなりました。また，クリアできる項目が増えていくことも，生徒の意欲につながりました。さらに，教師間の情報共有ツールとしても役立たせることができました。

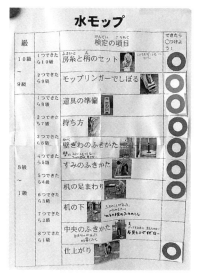

写真5　技術検定評価表

●身につけた技術の実践「まちの駅」

　名人検定での取り組みでは，校内清掃に加えて，「まちの駅」の清掃を行っています。学校とは違い，人がたくさん行き来して，さまざまな物が置いてある環境は，名人を目指した生徒が，身につけた技術を実際に通用するかどうか試すための場所としては最適です。さらに，プロの清掃員に指導や助言を受けながら，現場や校内で練習を重ねて名人を目指しています。

　また，名人になった生徒がまちの駅で清掃を行う場合は，プロの清掃員に技術を認めてもらって，地域で貢献する体験をさせたいと考えました。

●名人を目指すことによる生徒の気持ちの変化

　普段の学校生活で，指摘されると素直に受け入れられず，消極的になることが多かった生徒が，名人を目指すようになると，自ら散髪や髭剃りなどの身だしなみを整えるようになったり，時間を意識するために腕時計を購入したりするなど，自分から積極的に学習に取り組もうとする姿勢が見られるようになりました。また，清掃中に周囲に気を配ることができるようにもなり，

校内の廊下清掃では，授業の妨げにならないように道具の扱いを慎重にしたり，小声で報告したりするなどの様子が見られました。クリーン・サービス班の仲間に対しても，清掃の手助けをしたり，用具の片づけを手伝ったりすることができるようになってきました。これらのことは，「まちの駅」においても見られ，清掃中に客の邪魔にならないように，物を動かすことが自然に行えるようになってきました。さらに，教師から注意すべき点を指摘されても，前向きにとらえるようになり，指摘されたことを素直に受け止めたり，自分から改善しようとしたりする姿が見られるようになり，人としての成長ぶりを感じられるようになりました。

まとめ

　清掃検定を技術検定と名人検定に分けたことで，段階に合わせて求められる力が明確になり，生徒にとっては取り組みやすく，教師にとっては指導がしやすくなりました。

　技術検定では，生徒に技術をパターン化して練習させるのではなく，「生徒自身が考える」ことをポイントとし，考えることを習慣化させようとしました。生徒の行動の変化を求めるのではなく，意識の変化を求めることが，より重要であると感じました。そして，意識の変化こそがよりよい行動の変化への最短の道のりであると実感しました。

　名人検定で「まちの駅」へ清掃に行くことは，プロの清掃を身近に感じることが，生徒にとって憧れになり，貴重な体験となっています。また，技術検定で1級を取ったことを評価され，成功体験を積むことで，真剣に取り組む姿や周りの友達を気づかって行動する姿が見られるようになりました。

　クリーン・サービス班の取り組みを通して，自ら気づき，考え，行動しながら，生徒たちに成功体験を重ね，さらに，身につけた技術や力を正しく応用して清掃することで，地域への貢献を実感してほしいと考えます。

❺ エコ・クリーン作業
「リーダーを中心に自分たちだけで進めるリサイクル作業」

中学部高等部合同作業　エコ・グリーン班

取り組みの概要と成果

　エコ・グリーン班では，生徒たちがアルミ缶のリサイクル作業で「仕分け，穴開け，洗い，つぶし」の各工程を分担して行っています。

　各工程で生徒たちが一人で作業を進められるように，効果的な道具や補助具の作成・改良を行い，各工程の流れと内容が一目でわかりやすいように作業環境を整えてきました。そして，リーダーの育成により，困ったらリーダーを頼り，リーダーが全員に気を配りながら作業を進めていけるようにしました。

　これらのことにより，一人一人が自分で作業の良否判断ができ，自分の仕事と周りの人の仕事をお互いに意識し合い，リーダーを中心とした働く集団として自主的に動けるようになってきています。

はじめに

　エコ・グリーン班は，比較的障害が重い生徒たちが集まっています。そのため，作業の良否判断や状況判断が難しかったり，集中力や意欲が持続しなかったり，指示待ちになったりする傾向が多く見られました。また，正しく確かな作業も獲得しにくいと感じられました。このような比較的障害が重い生徒たちが，質の高い作業ができるようになり，働く集団として機能するためにはどう支援すればよいかを考えてきました。

　まず，正しい確かな作業を一人で進められるために，自分で作業の良否判断できる補助具が大切であると考えました。そして，集団で作業をしていく上で仲間を意識し合えるように，他の人が何を担当し，どのように働いているのかが見えるように環境を整備しました。さらに，リーダーを中心として

第3章　生活適応教育の実際　179

作業を展開し，声をかけ合ったり，相談し合ったりすることで働く集団としての質を高めるためにリーダーを育成しました。一方で各生徒が，努力することで達成でき，さらに，努力したいという意識が育つように，意欲がもてる目標として名人制度を導入しました。

指導の実際
◆正しく確かな作業を一人で進めるために
●生徒が，自ら取り組んで一人で完遂できる道具や補助具の作成

缶のリサイクルでは，作業内容をわかりやすくするためだけでなく，作業を一人で正しく進められるように，また，作業の良否を自分で確認できるように生徒の実態に合わせて補助具を作成しました。仕分け，穴開け，洗い，つぶしの各工程に準備物の写真カードも用意しました（写真1）。

穴開けの工程では，「仕切り箱と木枠」（写真2）を，つぶしの工程で「木槌と潰し台」（写真3）の道具を作成しました。

写真1　準備物写真カード　　写真2　仕切り箱と木枠　　写真3　木槌と潰し台

穴開けの工程は，缶の水洗いをしやすくするために，缶底に先細金槌を当て，ハンマーでたたいて穴を開けます。安全に作業するために，缶底を上にして入れられる仕切り箱が，きっちりと収まる木枠を作成しました。つぶしの工程の道具は，重さ5kgの木の塊に，棒を2本打ちつけてある木槌と潰し台です。両手で上げ，潰し台に置いた缶へ垂直に落として潰すことができます（写真4）。

写真4　つぶし作業

力は要らず，木の重さだけで潰れるように作成しました。気持ちがいいくらい見事に潰れるため，潰したときには，「やったー」という気持ちになります。

また，簡単でリズムある作業なので，潰れたときの「ぐしゃ」の音に興味をもち，集中して長時間取り組むことができるのです。これらは，自閉症の生徒にも顕著に効果がみられます。

●一人で作業の良否判断ができるようになるための補助具の作成

穴開けの工程では，缶底にあける穴に棒を刺すことで，決まった大きさ以上の穴をあけることができたかどうか，自分で判断するための補助具「確認棒」（写真5）を準備しました。また，つぶしの工程では，缶をしっかり潰せているか確認するための補助具「確認スリット」（写真6）を作成しました。確認棒や確認スリットを使わなくても作業が適切にできたかどうかを目で確認できるようになると，生徒たちは自分の判断で補助具を使用しなくなります。

写真5　確認棒

写真6　確認スリット

●主体的に準備するための環境設定

主体的に作業するためには，道具や補助具の作成や改良に加え，生徒たちが主体的に動けるためのわかりやすい環境設定が大切です。そこで必要な道具等の置き場を各工程ごとに一か所にまとめました。生徒たちは迷うことがなくなり，滑らかな動きが取れるようになったことで人とぶつからずに，一人で準備に取りかかれるようになりました。準備が整うと，それぞれが作業に取りかかり，教師の指示は必要なくなります。

◆自分が集団の一員として意識するために作業工程をライン化

　図1や写真7のように，作業場全体を一つの生産ライン形式とし，作業工程の流れが目に見える形でのライン化を行いました。

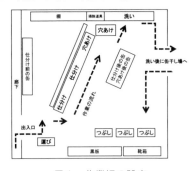

　　　図1　作業場の設定　　　　　　　写真7　ライン化した作業場

　作業動線が一本のラインになったことで，一人一人が自分の作業の役割を見通せるようになり，教師が言葉がけをする場面が減り，自ら行動する生徒が増えました。自分の担当作業を次の作業者に送る流れを作ることで，各自が作業班の一員であることを意識し，作業に役立っている，必要とされていると感じるようになりました。そして隣の仲間を感じ，つながりをもち「お願いします」「できました」「はい」「ありがとう」「大丈夫ですか」などの言葉がけが頻繁に出るようになりました。隣の仲間の頑張りを感じ，困っていたら助ける場面も増えました。こうして意欲的に担当作業に取り組めるようになり，つながりで工場全体は「真剣さ」と「やる気」に包まれるようになったのです。

◆働く集団の質を高めるためのチームリーダーの育成

　生徒たちだけで作業を進めていくためにチームリーダーを任命しました。チームリーダーの役割は，「始まりと終わりの会の進行」「作業終了時刻の確認と終了を仲間に伝えること」「グループ全体の状況把握」「作業状況に合わせた仲間への指示」「困っている仲間を助ける」といった内容です。

　また，仲間に対しては，困ったときは，教師に助けを求めるのではなく，

リーダーに求めるようにしました。
- ●リーダー誕生後の生徒たちの変化

　チームリーダーが役割を果たすようになったことで，リーダーや仲間の姿に変化が生まれました。

　リーダーは，自信をもって堂々と動いたり，自分で判断して行動したりするようになりました。また，仲間は，リーダーを信頼するようになり，互いに信頼関係が生まれ，自分もリーダーになりたいというあこがれをもつようになり，積極的に作業するようになりました。

- ●集団としての変化

　働く集団としてのまとまりや連帯感が生まれ，教師に頼らずに仲間同士が助け合い，作業をするという環境が完成しました。

　作業場には，常に「できました」「はい」の声が響いています。自分が行った作業を次の工程に送る際に「できました」と大きな声で報告し，他の仲間がそれに応えて「はい」と返事をしているのです。何気ない声のかけあいですが，「自分も次は報告できるようにしよう」「他の子よりも大きな声を出して応えよう」等，自然に連帯感が生まれ，単純な作業を継続できるモチベーションにつながっているのです。

　ここで，ある日の出来事を紹介したいと思います。始まりの会で作業内容を確認しているとき，缶洗い担当の仲間が欠席していることがわかりました。そのとき，仲間たちは，どうしたらよいかと自ら話し合いを始めました。

　しばらく話し合いは続き，最後に「じゃあ，ぼくがします。」とリーダーが発言したことで，仲間もリーダーの意見に賛成し，いつものように作業が進んでいきました。信頼関係ができた働く集団になったと感じる印象的な場面でした。

写真8　相談の様子

- ●教師の支援の変化

　これまで教師は，生徒一人一人に必要な支援を行っていましたが，リーダ

ーの役割を明確にすることで，支援方法を変えました。リーダーに適時アドバイスをすること，生徒には教師の介入を減らし，最小限の支援を行うことです。

これらの3つの変化により，生徒たちが意欲的に取り組むことにつながりました。

◆**努力したいという意識を育てる名人制度**

エコ・グリーン班は，比較的障害が重い生徒が所属している作業班ですが，名人制度を導入することで，生徒たちにさらなる目標ができ，作業によい影響を与えるのではないかと考えました。

空き缶つぶし名人を目指して努力してきたYさんが何度かの挑戦の後，ついに名人になりました。エコ・グリーン班初の名人誕生です。名人バッチを付けて作業することで，自信をもって作業に取り組むようになりました。また，他のメンバーも，キラキラしたバッチを付けて作業をする名人をうらやましく思い，「自分も名人になりたい」と積極的に作業に取り組むようになりました。

名人が誕生することで，工場全体に活気が生まれ，メンバーが意欲的に作業するようになったのです。

写真9　名人

まとめ

空き缶つぶしのような単純な仕事を作業学習に取り入れる場合，たとえ流れ作業でも，作業はしているけど休みながらしていたり，よそ見したりして，長続きしないことが問題となっていました。それは，個々にできる課題を与えて，スキルを高めていっても，障害の重い生徒たちは意識が高まってこないからだと考えられました。そこで，エコ・グリーン班では，働く集団の質を上げることに視点を当て支援してきました。9名を1つの集団として，働く集団としてまとめていくことを教師が意識しました。

つまり，生徒たちが指示待ちにならず，自主的に進められるように，工程ごと，個々の生徒に必要な作業用具や補助具を開発・改良することはもとより，それ以上に，働く集団の質を高めることにポイントを置き，彼らが常に自分の仕事と周りの仕事を意識しながら仕事ができるように支援してきました。周りの人が見えるように工程順に並んだり，工程ごとに必要なスキルを全員で確認したり，リーダーを中心に生徒同士で協力し合う関係づくりをしました。そして，仕事が一つできたときには「できました」と大きな声で報告し，他の人たちが「はい」と返事をするようにしました。

　特に，2～3分に1回は飛び交う「できました，はい」の報告・返事の声の効果は絶大で，単純な仕事で根気よく続けることが難しいところを，かけ声があることで，「次は私も」という雰囲気を作ることができました。このかけ声がなければ，よそ見したり，長続きしなかったりしたかもしれません。少しずつ個々の関係性が育ってきて，全体に連帯感が備わり，働く集団の質が上がってきました。

　障害の重い生徒たちは，意識が低いかというとそうではないと考えます。働く集団の質が高まることで，十分この生徒たちも，自分の仕事や周りの人の仕事を意識して，根気よく続けることができます。意識することは，能力や障害にまったく関係なく，みんなに可能性があります。

　ある日欠席者があり，担当者不在となった缶洗い作業をどうするか話し合った授業の後，休み時間に，生徒同士で何かを話し合っている場面を目撃しました。聞いてみると，その生徒が明日も休みの場合には，どうするか相談していたそうです。はじめは，教師の介入により相談する時間をもちましたが，次の日も対応が必要なことに自分たちで気づき，教師の知らないうちに自主的に相談していました。働く意識の高まりと，集団内の関係性の良さとが感じられうれしく思いました。

第3章　生活適応教育の実際　185

【執筆者一覧】（執筆順，所属は執筆当時）

野作　貞行	第3章3－（2）－①	福井県立嶺南西特別支援学校
	第3章3－（3）－①	
木村　友真	第3章3－（2）－②	福井県立嶺南西特別支援学校
西田真由美	第3章3－（2）－③	福井県立嶺南西特別支援学校
今井　智規	第3章3－（3）－②	福井県立嶺南西特別支援学校
芝田　幸浩	第3章3－（3）－②	福井県立嶺南西特別支援学校
松川　雄哉	第3章3－（3）－②	福井県立嶺南西特別支援学校
山本　博美	第3章3－（3）－③	福井県立嶺南西特別支援学校
田淵　温子	第3章3－（3）－③	福井県立嶺南西特別支援学校
門野　澄江	第3章3－（3）－④	福井県立嶺南西特別支援学校
長塚　泰幸	第3章3－（3）－④	福井県立嶺南西特別支援学校
増田　綾子	第3章3－（3）－⑤	福井県立嶺南西特別支援学校
吉村　定浩	第3章3－（3）－⑤	福井県立嶺南西特別支援学校
旭　　　恵	第3章3－（3）－⑤	福井県立嶺南西特別支援学校

【編著者紹介】

上岡　一世（うえおか　かずとし）

元愛媛大学教授。

1946年高知県生まれ。高知大学教育学部卒。鳴門教育大学大学院修了。

高知大学教育学部附属中学校教諭（特殊学級），愛媛大学教育学部附属養護学校教諭，愛媛大学教育学部助教授，愛媛大学教育学部教授，愛媛大学教育学部附属特別支援学校校長を歴任。

専門は特別支援教育。

特別支援教育サポートBOOKS

人生の質を高める！キャリア教育
〈家庭生活・学校生活・地域生活・職業生活〉
よりよく「生きる・働く」ための授業づくり

2017年10月初版第1刷刊　©編著者　上　岡　一　世
　　　　　　　　　発行者　藤　原　光　政
　　　　　　　　　発行所　明治図書出版株式会社
　　　　　　　　　　　　　http://www.meijitosho.co.jp
　　　　　　　　　　(企画)佐藤智恵 (校正)川崎満里菜
　　　　　　　　　〒114-0023　東京都北区滝野川7-46-1
　　　　　　　　　振替00160-5-151318　電話03(5907)6703
　　　　　　　　　　　　　ご注文窓口　電話03(5907)6668
＊検印省略　　　　　　　組版所　株式会社カシヨ

本書の無断コピーは，著作権・出版権にふれます。ご注意ください。

Printed in Japan　　　　　　　ISBN978-4-18-256713-1
もれなくクーポンがもらえる！読者アンケートはこちらから　→

特別支援学校＆学級で学ぶ！

国語・算数
基礎から学べる学習課題100

発達段階にあわせてグッドチョイス！

1816・B5判・2300円+税　是枝　喜代治 編著

子どものできた！を増やす指導アイデア、見取り方

障害のある子どもの指導では、実態やニーズ、特性に応じて学習の課題を設定することが求められています。本書では国語・算数の学習の順序性を大切にしながら、学習課題のアイデアを100紹介！指導のアイデアに加え、子どものつまずきの見取り方を丁寧にまとめました。

特別支援学校＆学級で学ぶ！

自立活動の授業 de ライフキャリア教育

渡邉 昭宏 著

1937・A5判・1860円+税

生活の質・人生の質がアップする！

キャリア教育を取り入れた特別支援教育の授業づくり 実践編

上岡 一世 著

1938・A5判・2300円+税

読めばニッコリ、笑顔エネルギーが貯まる本

通常の学級には発達障害の疑いのある子が6.5％いる？インクルーシブ教育時代、障害のある子もない子も共に学ぶ？どうぞ不安にならないでください。特別支援教育は一番笑顔が似合う教育です。子どもも保護者も、先生だって。本書が笑顔の作り方を伝授します。

スペシャリスト直伝！

通常の学級 特別支援教育の極意

田中 博司 著

1636・A5判・1800円+税

明治図書　携帯・スマートフォンからは **明治図書ONLINEへ**　書籍の検索、注文ができます。▶▶▶

http://www.meijitosho.co.jp　＊併記4桁の図書番号（英数字）でHP、携帯での検索・注文が簡単に行えます。

〒114-0023　東京都北区滝野川7-46-1　ご注文窓口　TEL 03-5907-6668　FAX 050-3156-2790

＊価格は全て本体価格表示です。

特別支援教育サポートBOOKS

中学校通級指導教室を担当する先生のための指導・支援レシピ
今日から役立つ！基礎知識&指導アイデア

柘植雅義 監修／小林靖 編
1,960円＋税　図書番号：1091　A5判 152頁

通級担当が押さえておきたい！指導・支援、教室運営の極意
通級指導教室を担当する先生必読の教科書。通級指導教室の概要をQ＆Aでやさしく解説するほか、発達障害のある子への指導アイデアをレシピとして紹介。専門家が今後の展望も語る。保護者・学級担任と連携し生徒を自立につなげる通級担当の仕事がギュッと詰まっている。

通常の学級で行う特別支援教育

中学校ユニバーサルデザインと合理的配慮でつくる授業と支援

花熊曉・米田和子　編著
2,360円＋税　図書番号：2585　B5判 136頁

すべての子どもの「個のニーズ」に応じた授業づくり
中学校におけるユニバーサルデザイン（UD）の授業づくり実践書。UDは「個」から出発する特別支援教育と「授業」から出発する教科教育の融合であり、教科担任制をとり「授業」の専門性が高い中学校だからこそ、質高く教科の違いを超えた共通のUD視点を示している。

大人気教材　「通常の学級でやさしい学び支援」シリーズ最新刊

読み書きが苦手な子どもへの〈漢字〉支援ワーク
教科書対応版【学年別】

竹田契一 監修／村井敏宏・中尾和人 著
1年　1,400円＋税／2〜6年　各1,900円＋税　　図書番号：9471〜9476

PDF版電子書籍も先行配信中！　光村図書版・教育出版版・東京書籍版
詳しくはこちら ⇒ http://meijitosho.co.jp/detail/sp18

明治図書　携帯・スマートフォンからは **明治図書ONLINEへ**　書籍の検索、注文ができます。　▶▶▶
http://www.meijitosho.co.jp　＊併記4桁の図書番号（英数字）でHP、携帯での検索・注文が簡単に行えます。
〒114-0023　東京都北区滝野川7-46-1　ご注文窓口　TEL 03-5907-6668　FAX 050-3156-2790

＜特別支援教育＞
好評シリーズ 学びと育ちのサポートワーク

つまずきのある子のためのスモールステップなワーク集。
手立てや関連した学習活動等、くわしい解説つき。

加藤博之 著

1 **文字への準備** チャレンジ編
(0874・B5判・2060円＋税)

2 **かずへの準備** チャレンジ編
(0875・B5判・2060円＋税)

3 **国語「書く力、考える力」** 基礎力アップ編
(0876・B5判・2200円＋税)

4 **算数「操作して、解く力」** 基礎力アップ編
(0877・B5判・2260円＋税)

5 **ソーシャルスキル「柔軟性」アップ編**
(1814・B5判・2200円＋税)

6 **国語「書く力、伝える力」** 実力アップ編 **NEW！**
(1931・B5判・2160円＋税)

発達障害のある子の父親ストーリー

立場やキャリア、生き方の異なる
14人の男性が担った父親の役割・かかわり

ISBN2699・A5判・192頁・2160円＋税

アスペ・エルデの会 編

発達障害について国の施策を動かすスーパーファーザーから地域で草の根レベルの支援活動をする父親、自身の趣味を活かして社会への理解と支援を求める父親…のストーリー。わが子が過ごしやすい社会になることを何より願う父親たちの生き方、役割・かかわりがわかる。

執筆者			
福島　豊	(元衆議院議員)	小原　玲	(動物写真家)
野沢和弘	(毎日新聞論説委員)	笹森史朗	(会社員)
山岡　修	(一般社団法人日本発達障害ネットワーク元代表)	岡田稔久	(くまもと発育クリニック)
大屋　滋	(旭中央病院脳神経外科部長)	新保　浩	(一般社団法人そよ風の手紙代表理事)
市川宏伸	(児童精神科医)	藤坂龍司	(NPO法人つみきの会代表・臨床心理士)
大塚　晃	(上智大学教授)	うすいまさと	(シンガーソングライター)
南雲岳彦	(Run4u代表)	赤木慎一	(NPO法人アスペ・エルデの会)

明治図書 携帯・スマートフォンからは **明治図書ONLINE へ** 書籍の検索、注文ができます。 ▶▶▶

http://www.meijitosho.co.jp ＊併記4桁の図書番号（英数字）でHP、携帯での検索・注文が簡単に行えます。

〒114-0023　東京都北区滝野川7-46-1　ご注文窓口　TEL 03-5907-6668　FAX 050-3156-2790

特別支援教育サポートBOOKS

感覚統合を
活かして子どもを伸ばす！
音楽療法

苦手に寄り添う楽しい音楽活動

2115・B5判・2060円+税　土田　玲子監修　柿﨑　次子著

<u>苦手さのある子の発達を支援する、楽しい音楽活動</u>

障害のある子の中には触覚が過敏で人に触られただけで苦痛を感じる等感覚をうまく扱えない子もいます。音楽も感覚刺激。本書には感覚を調整し、子どもの発達を促す「感覚統合療法」「音楽療法」の考え方と活動事例を豊富に収録しました。アセスメントチェックリスト付。

特別支援教育サポートBOOKS

特別支援学級を
はじめて担任する先生のための
国語・算数 授業づくり

指導計画が立てられる！

1927・B5判・2360円+税　菅原　眞弓・廣瀬　由美子 編著

<u>特別支援学級でどの子も学べる国語・算数の授業づくり</u>

特別支援学級の指導計画づくりを、個々の子どもの実態把握→クラス全体の指導方針立案→年間指導計画づくり、という3ステップで紹介。モデルケースとして、知的障害と自閉症・情緒障害の特別支援学級における国語・算数の指導計画づくりから授業記録までを掲載した。

明治図書　携帯・スマートフォンからは **明治図書ONLINEへ**　書籍の検索、注文ができます。▶▶▶

http://www.meijitosho.co.jp　＊併記4桁の図書番号（英数字）でHP、携帯での検索・注文が簡単に行えます。

〒114-0023　東京都北区滝野川7-46-1　ご注文窓口　TEL 03-5907-6668　FAX 050-3156-2790

＊価格は全て本体価格表示です。

特別支援教育サポートBOOKS

手先が不器用な子どもの
感覚と運動を育む遊びアイデア

太田篤志 著

遊びで手の動作を育もう！

感覚統合を活かした支援のヒント

はさみで切るのが苦手

ボタンが留められない

感覚が過敏すぎる

発達障害のある子などクラスには箸が上手に使えない、鉛筆の持ち方が違うなど手先の不器用さが気になる子どもがいます。本書では苦手な動作を訓練的に行うのではなく遊びを通して関連要素に働きかけ土台の力を育むアイデアを紹介。子どもが自信をもてるように支援します。

2327・B5判・112頁・2200円+税

自立活動に取り入れたい！
発達に障害のある子どものための
とけあい動作法

今野義孝 著

自立活動の授業に「動作法」を取り入れませんか？ふわ～ぴた～とあたたかく触れる指導者の手で子どもの心と身体をほぐし、困難を改善できます。こだわり行動がある子、情動・行動コントロールの困難な子など具体的な困難の例をあげてその指導法を解説しています。

2627・A5判・136頁・1860円+税

全員参加！全員熱中！大盛り上がりの指導術
読み書きが苦手な子もイキイキ
唱えて覚える漢字指導法

道村静江 著

どうしたら漢字を楽しく確実に学べるか研究しつくしてきた著者が明かす指導の手立てをまとめた。通常の学級の読み書きが苦手な子どももノリノリ、書かずに口で言えればよい！トメハネハライは気にしない！音読カード不要…と目からウロコ、効果バツグンの指導方法です。

1117・四六判・192頁・1800円+税

明治図書 携帯・スマートフォンからは **明治図書ONLINE** へ 書籍の検索、注文ができます。▶▶▶

http://www.meijitosho.co.jp ＊併記4桁の図書番号（英数字）でHP、携帯での検索・注文が簡単に行えます。

〒114-0023 東京都北区滝野川7-46-1 ご注文窓口 TEL 03-5907-6668 FAX 050-3156-2790